# NOTICE HISTORIQUE

## SUR

# LES TERNES (SEINE).

# TABLE DES MATIÈRES.

✠

# NOTICE HISTORIQUE

SUR

# LES TERNES

(SEINE),

## ET LES ENVIRONS,

Par M. l'abbé **BELLANGER**,
Vicaire de Saint-Ferdinand des Ternes.

---

SE VEND AU PROFIT DE LA CRÈCHE.

---

**AUX TERNES** ,
A la Crèche, rue des Ternes, 22 ;
Chez J. Virey, avenue des Ternes, 70.

**A PARIS**,
Chez Hervé, rue de Tournon, 4.

**1849**

*Neuilly.* — IMPRIMERIE DE A. POILLEUX, rue Garnier, 12.

# AVANT-PROPOS.

Parmi les nombreuses communes qui environnent immédiatement Paris, et forment à ses portes une agréable ceinture de maisons, de jardins et de bois, la jolie ville de Neuilly se recommande aux regards par la beauté de son site, l'agrément de ses promenades et la commodité de ses habitations. Baignée d'un côté par les eaux de la Seine, bornée de l'autre par le pittoresque bois de Boulogne, elle s'étend et s'avance dans les plaines de Villiers, de Sablonville, des Ternes où des barrières de premier ordre la mettent en contact avec les beaux et splendides quartiers des Champs-Élysées, du Roule et de St-Honoré.

Longtemps cette campagne fut déserte et abandonnée. C'était d'abord une forêt, qui, en partie défrichée, reçut peu-à-peu quelques maisons éparses. Le voisinage de la rivière, la formation d'un port attirèrent en ce lieu des pêcheurs et des bateliers empressés de jouir d'une situation aussi heureuse. Les champs se multiplièrent par la culture, et lorsqu'au xviiᵉ siècle deux avenues magnifiques traversèrent dans toute sa longueur cette

1

terre si favorablement placée aux portes de la capitale, on put prévoir l'agrandissement probable du hameau devenu village.

L'antique paroisse de Villiers-la Garenne auquel appartenait tout le territoire, disparut en 89, et Neuilly, naguère encore soumis à sa juridiction, recueillit son héritage, se substitua à tous ses droits et lui imposa jusqu'à son nom.

Depuis 89 et surtout dans ces dernières années le mouvement heureux de prospérité qui a transformé si merveilleusement la banlieue de Paris et principalement la rive droite, s'est fait ressentir à Neuilly de telle façon que la population qui en 1782 était de 700 habitants (265 feux), en 1815 de 1600, depasse aujourd'hui 14000 âmes. Ces chiffres dispensent de tout commentaire.

Sans parler des mutations, des embellissements qui changèrent la face de Neuilly proprement dit, quatre nouveaux quartiers se sont élevés sur son territoire, comme par enchantement, Ste.-Jame, Sablonville, Champerret et les Ternes. Cette dernière section surtout a participé largement à cet accroissement rapide et extraordinaire : les proportions ont été assez grandes pour faire de ce lieu un faubourg de Paris, et pour déplacer au détriment de Neuilly, le centre de la commune.

Les Ternes eux-seuls fournirent plus de la moitié de la population. C'était une ville nouvelle qui naissait dans une autre. Les fortifications vinrent apporter une séparation physique, matérielle entre les deux sections, et préparer une séparation totale, entière et désormais inévitable. — Les Ternes eurent bientôt des écoles publiques ; puis les besoins croissant toujours, sur la demande instante et réitérée des nouveaux habitants, une Église fut construite au centre du pays. Les Ternes eurent leur paroisse. C'était un grand pas vers la séparation. Diverses raisons de convenance et d'opportunité qu'il ne nous appartient pas de juger, firent ajouter cette émancipation définitive et si ardemment désirée.

Dans ces derniers temps une nouvelle demande a été faite par l'immense majorité des *Ternois;* l'administration supérieure, saisie régulièrement de la demande, doit se prononcer incessamment. Les formalités usitées ont été déjà en partie parcourues, et personne ne doute qu'une réponse favorable aux désirs de toute la population, ne vienne trancher la question pendante.

Du reste ce ne serait qu'une liquidation entre deux sœurs, Neuilly et les Ternes, qui se partageraient le bien de leur mère, l'ancienne paroisse de Villiers, ainsi que le montrera la notice historique sur les Ternes que nous offrons aujourd'hui au public.

Cet opuscule paraîtra peut-être au premier coup d'œil quelque peu présomptueux. Offrir une notice historique sur une ville qui n'existait point hier et qui ne date que d'aujourd'hui, serait une œuvre téméraire à laquelle nous n'aurions point songé. Tout au plus, nous nous serions contenté d'indiquer brièvement la naissance, les progrès, l'agrandissement de la nouvelle cité. Nous avons voulu faire plus.

L'histoire des lieux où nous vivons a toujours offert un vif attrait à notre curiosité : nous avons donc recherché avec soin, autant du moins que nous l'ont permis les loisirs que nous laissent de graves occupations, tout ce qui pouvait se rattacher à notre sujet. Nous avons recueilli dans l'histoire des souvenirs honorables et glorieux pour les Ternes. Ces souvenirs précieux, nous avons voulu les conserver, et nous les avons consignés dans cette notice historique.

Pour la rendre aussi complète que possible, nous n'avons rien négligé ; nous avons consulté les livres et les personnes ; nous avons interrogé les manuscrits relatifs aux Ternes qui se trouvaient aux Archives nationales, les plans et cartes de la Bibliothèque nationale, et nous avons lu à peu près tous les auteurs qui à diverses époques ont écrit sur Paris et les Environs : nous aurons occasion d'en citer quelques-uns.

Nous avons étendu nos recherches aux lieux voisins qui ont eu quelques relations avec les Ternes : nous résumerons en peu de mots leur histoire, leur état actuel. Ce sera le complément naturel de notre notice.

# ETYMOLOGIE ET ORTHOGRAPHE

DU

## NOM DES TERNES.

En commençant notre esquisse historique, nous avons éprouvé un moment d'embarras touchant l'orthographe du nom des Ternes ; mais nous devons le dire, cet embarras s'est promptement dissipé, à mesure que nous avons avancé dans l'étude des documents nombreux qui se rapportent à notre sujet. Le nom véritable, ancien des Ternes, s'est révélé à nous dans sa forme primitive, telle du moins qu'on la connaît depuis cinq cents ans : notre hésitation a cessé devant l'unanimité complète de tous les auteurs et de toutes les pièces manuscrites que nous avons pu consulter.

Nous avons adopté cette orthographe historique, s'il est permis de s'exprimer ainsi, et pour la justifier nous ajouterons quelques mots préliminaires.

Le nom des Ternes, appliqué au lieu qui nous

intéresse, existe depuis longtemps : c'est en 1352 que ce nom apparaît pour la première fois (*Man. de l'Abbaye de St-Denis*). Les Ternes étaient dans le principe une ferme, transformée plus tard en maison seigneuriale, en vertu de deux ordonnances royales de Louis xiii (1636) et de Louis xiv (1664).

Peu à peu des maisons de plaisance se groupèrent aux environs du château, le long de la grande Avenue, près des barrières du Roule et de l'Étoile. Un bourg se forma, qui devint bientôt une ville, et le nom des Ternes, restreint dans l'origine à un espace de terres assez borné, fut étendu à ce quartier nouveau.

Ce nom est consacré tous les jours par un emploi public, quotidien et officiel. Comment doit-il s'écrire ? Deux orthographes différentes sont en usage. Laquelle doit avoir nos préférences ? Cette question a son intérêt et son importance. Dans un temps où les Ternes ne consistaient guère que dans quelques maisons de campagnes, cette différence dans l'orthographe offrait de moindres inconvénients ; mais à présent qu'une ville nouvelle, commerçante, active, s'est élevée sur leur emplacement et a reçu leur nom, cette variation présente un caractère d'irrégularité bien autrement fâcheux et préjudiciable.

Le conseil municipal sera sans doute saisi quelque jour de cette question. Elle appelle une solution : nous serons heureux de l'avoir préparée.

Le nom des Ternes, avons-nous dit, s'orthographie de deux manières différentes (1).

Les uns écrivent *Thernes :* en cela ils se fondent sur les actes officiels de la Mairie, les inscriptions de rue et l'usage vulgaire.

Les autres retranchant la lettre *h* comme inutile et superflue, écrivent simplement *Ternes :* ils s'appuient sur tous les documents historiques, et ils citent l'exemple des Ponts-et-Chaussées et l'administration des Postes qui a toujours conservé la véritable manière d'écrire les noms de lieu.

On connaît notre sentiment, nous réprouvons dans le mot Ternes la lettre *h* dont nous ne pouvons justifier la présence. L'orthographe des noms propres varie et change suivant des circonstances assez difficiles à préciser ; cependant on peut dire qu'à défaut de l'origine étymologique, base orthographique du mot, les documents historiques qui se rattachent à un nom doivent en général la déterminer. C'est une règle légitime : son application nous guidera dans notre mode d'écrire les *Ternes*. En effet, toutes les pièces manuscrites, conservées aux Archives nationales (2) et

---

(1) Près la barrière du Roule, nº 2, sur la première maison qui porte l'indication du nom de la rue, les Ponts-et-Chaussées ont inscrit les *Ternes*, et immédiatement au-dessous, l'édilité municipale a écrit : les *Thernes*. Ce rapprochement disparate et contradictoire doit cesser dans un bref délai.

(2) Archiv. nation. — Biblioth. nation. — Archiv. civ. et ecclésiastiq. de Villiers, de Neuilly, de l'abbaye de Saint-Denis, etc.

ailleurs, tous les terriers, espèces de cadastres bien imparfaits, o u registres des domaines, impôts et revenus publics d'autrefois, depuis l'an 1610 jusqu'en 1778, tous les actes anciens de transmission d'héritage, de permutation, de contrat de vente ou de louage, toutes les ordonnances des rois et des magistrats judiciaires ou autres qui se rapportent à ce lieu, écrivent invariablement *les Ternes*. De même toutes les cartes topographiques de Paris et de la banlieue, les plus anciennes, ainsi de Cassini, 1674, de Roussel, 1730, de Delagrive, 1740, tous les plans conservés à la Bibliothèque nationale et au ministère de la Guerre, toutes les cartes récentes gravées par ordre du gouvernement sont également d'accord : enfin tous les auteurs (1) qui ont écrit sur Paris et ses Environs, et dont nous avons pu consulter les ouvrages, n'ont fait aucune difficulté : partout, toujours nous avons vu et lu *Ternes*.

Ce court exposé suffit pour légitimer, et au-delà, l'orthographe ancienne, *les Ternes*. La justification repose, on le voit, sur des preuves abondantes. Comment donc, avec un usage aussi universel, un nouveau mode d'écrire a-t-il pu se glisser et se répandre ? Le voici : nous lisons dans *l'Almanach national* de 1794, an II de la République française, à propos d'une adresse d'un fonctionnaire du temps : « les Thermes, barrière du Roulle. » Les mœurs grecques et romaines de

---

(1) Voir à la fin du chapitre.

l'époque avaient, on le voit, déteint sur le nom ; chacun sait que les Thermes étaient le lieu où les anciens prenaient leurs bains ; ainsi, par une double et adroite substitution, le mot *Ternes* avait été assez heureusement élevé à la hauteur des circonstances ; mais, si on avait changé le nom, on n'avait point changé la prononciation. Celle-ci persistant, réagit à son tour, et produisit la forme moderne que nous connaissons, *les Ternes :* la lettre *h* est demeurée, légère compensation à la lettre *m,* disparue.

Quoi qu'il en soit de cette altération circonstancielle, ce n'est qu'à partir de cette époque que nous voyons apparaître dans les Almanachs nationaux, impériaux, royaux, dans les écrits, livres, brochures, l'orthographe nouvelle, *Thernes ;* encore faut-il ajouter qu'elle n'est pas unanimement et constamment suivie ; bien loin de là, de nombreuses infidélités y sont journellement commises, et même il n'est pas rare de rencontrer, presque à la même page, *Thernes, Ternes,* parfois *Thermes.*

Quant aux particuliers, ils ont adopté les trois manières d'écrire, quoique cette dernière ( *Thermes* ) ne soit guère suivie exclusivement que par les Parisiens, qui se rappellent trop posséder dans leurs murs, au pied du quartier latin, le palais des Thermes de Julien. L'autorité municipale doit donc sur ce sujet fixer les irrésolutions du public : nous attendons respectueusement sa décision.

L'orthographie des Ternes, ainsi déterminée par les monuments historiques, il paraîtra peut-être, sinon inutile, du moins curieux, de rechercher quelle est l'origine de ce nom.

On lui a donné des origines bien différentes : les unes plus spécieuses que vraies, les autres plus savantes que fondées, toutes, en vérité, plus impossibles à l'envi, comme il arrive d'ordinaire parmi les étymologistes.

Du reste, ces étymologistes se divisent en deux camps, suivant la manière dont ils écrivent le nom.

Les premiers, ceux qui réclament le maintien de la lettre *h*, ne peuvent avoir, et n'ont pas d'autre origine à alléguer que le mot grec Thermes. « Il y avait en ce lieu, autrefois, disent-ils, des eaux chaudes ou thermales ; et même, ajoutent-ils, on peut encore voir, dans une propriété privée, un bassin qui renferme des eaux sulfureuses. » Ce serait là, sans contredit, une origine claire, nette, que nous serions heureux et fier d'adopter, quoique, à tout prendre, nous eussions mieux aimé dire les *Thermes*, que les *Thernes*. Malheureusement, cette étymologie a un défaut grave ; l'histoire lui donne un démenti formel. On ne saurait, en effet, expliquer là-dessus le silence de tant d'auteurs, qui, décrivant minutieusement les moindres particularités des Ternes, auraient passé ainsi, sans mot dire, la circonstance la plus remarquable de ce lieu. Ils racontent l'ornement le plus indifférent des beaux

jardins, la disposition intérieure du château, la
distribution des cours et bâtiments, la beauté des
fossés, pièces d'eau, etc., etc., et ils auraient
omis ce qui aurait fait le prix du domaine, les
eaux thermales? on ne peut le supposer. Nous
ne nions pas l'existence de ce bassin, dont les
eaux sulfureuses ont été l'objet de l'analyse d'un
de nos plus savants chimistes. Ce bassin, dont
parle l'écrivain cité par nous, orne une magnifique propriété qui pourrait, à juste titre,
s'appeler maintenant Maison des Thermes (1).
Toujours est-il que la présence de ces eaux chaudes est récente, ou du moins a été observée et
constatée récemment : les lieux voisins n'en ont
donc point tiré leur nom.

Parmi les anciens auteurs qui ont toujours
écrit *les Ternes*, l'abbé Lebœuf, dans son *Histoire de la Banlieue de Paris,* si savante et si
pleine d'érudition, raconte qu'on a prétendu que
le château des Ternes a été mis au jeu par son
possesseur, joueur effrené, et qu'il fut gagné par
un *terne*, dont il prit le nom; c'est une histo-
riette dont il est plus que permis de douter. Ce
même abbé Lebœuf essaie de donner une autre
étymologie, qui ne me paraît pas plus vraisem-
blable : « Les Ternes, dit-il, sont à trois milles de
la cité de Paris; il n'est pas étonnant qu'on l'ait

---

(1) Cette propriété située au no 22, rue des Ternes, appartient
à M. et Mad. Hainacque, qui n'a rien négligé pour son embellissement. — Outre la pièce d'eau, on y admire une belle grotte, un
parc charmant, etc., etc.

désigné par la pierre milliaire appelée *ternum milliarium*. Ces pierres, qu'on retrouve de distance en distance sur nos veilles routes, sont récentes; elles datent du règne de Louis XV. Et d'ailleurs, quel rapport immédiat et quelle liaison prochaine existe-t-il entre *Ternum* et les Ternes? On aurait plutôt traduit *Ternum*, le Terne. On a dit encore que les Ternes étant situés entre la Croix du Roule, d'une part (la rue de la Croix, au Roule, près la barrière), la Croix des Sablons (près le rond-point de Sablonville, nommé les Cinq-Routes), et la Croix de l'Étoile (rond-point de l'Étoile), ces trois Croix, *ternæ Cruces,* avaient donné leur nom au château appelé des Trois-Croix, *domus Ternarum Crucium.*

Ces étymologies ne nous plaisent pas, et avec raison; elles sont forcées, tirées de loin, peu plausibles et nullement naturelles. Peut-être ferions-nous mieux de nous abstenir. Cependant, nous nous hasarderons à proposer la nôtre, que nous croyons plus fondée et plus rationnelle :

En 1320, un titre de l'Abbaye de Saint-Denis contient ces mots : *Novem arpenta terræ sita inter Rotulum et nemus de Rovreto, in loco qui dicitur ad Villam externam*, « neuf arpents » de terre entre le Roule et le bois de Rouvray (1), » près le lieu de la ferme extérieure. »

---

(1) Bois de Boulogne.

Un manuscrit latin de l'évêché de Paris, ou plutôt du chapitre de Saint-Honoré, patron et présentateur de la cure de Villiers-la-Garenne (1412), porte ces mots : *Villa externa prope Rotulum,* qu'il traduit presque immédiatement : *la ferme externe près le Roulle.* Les registres suivants disent simplement : l'Esterne, près le Roulle. Nous inclinerions donc à penser que les Ternes sont une corruption de ce mot l'Esterne, *Villa externa,* ferme extérieure, éloignée, hors de l'enceinte.

Cette étymologie nous sourirait d'autant plus qu'en dehors de tous les autres monuments historiques avec lesquels elle concorde si heureusement, elle s'applique non moins favorablement aux autres lieux qui portent cette dénomination ; c'est un mérite qu'elle ne partage pas avec les autres étymologies. On connaît en France deux localités qui sont désignées sous le nom de Ternes : l'une est située au diocèse de Saint-Flour (Cantal), à très-peu de distance de cette ville, l'autre est un château près la ville de Montluçon (Allier), où est né le bienheureux Roger, mort archevêque de Bourges (1367). « Ce saint pontife, dit l'auteur de sa Vie, est né au château de ses pères, *vulgò Villa externa* ; » on a traduit les Ternes, ce nom est resté. Nous nous arrêtons dans cet aride travail ; c'est un chemin semé d'épines et de ronces, que le chemin des étymologies.

Pour nous borner, nous citerons entre les auteurs que nous avons consultés :

Au xvii<sup>e</sup> siècle. — *Théâtre des Antiquités de Paris*, par Du Breul, bénédictin. In-4°, 1612-1639. — *Supplément des Antiquités*, in-4°, 1614.

Ces deux Ouvrages sont le répertoire de la plupart des fondations de la ville de Paris : on y remarque des détails intéressants et curieux, noyés dans un amas assez indigeste d'époques et de recherches.

Les *Fastes de Paris*, par Pierre Boufons, augmentés et édités par Du Breul, 1616. Ouvrage curieux.

*Histoire des Antiquités de la ville de Paris*, par Henri Sauval et Rousseau, 3 vol. in-fol., 1650-1720. Plusieurs fois réimprimée depuis.

*Description de la ville de Paris*, par Germain Brice, 1670. La meilleure édition est celle de 1752, en 4 vol. in-12.

Le xviii<sup>e</sup> siècle nous offre davantage de livres consacrés à cette partie de notre Histoire. Le goût des recherches, le désir de connaître les antiquités particulières répandu par les congrégations savantes qui, sur tous les points de la France, se dévouaient à cette pénible et laborieuse mission, ont fait surgir une foule d'ouvrages sur Paris. Copiés la plupart et calqués l'un sur l'autre, ils offrent en général peu de variété, surtout dans la seconde moitié du siècle où les compilateurs se bornèrent à joindre des détails statistiques à leurs compilations. Il n'y eut pas jusqu'aux almanachs qui se remplirent chaque année de notices, de détails historiques et anecdotiques sur les monuments, les rues, les hôtels, etc.

Nous mentionnerons :

*Topographie de Paris*, par l'abbé Delagrive, 1728-1757 ; cet ouvrage suspendu par la mort de l'auteur, est très-circonstancié. Huguin n'a publié que quelques feuilles de ce plan annoté.

*Environs de Paris*, par le même, 2 vol. 1740.

*Histoire de la banlieue de Paris.* — *Histoire de la ville et de tout le diocèse de Paris*, 12 vol. in-12, par l'abbé Lebœuf. — L'érudition, la science de l'auteur s'y font remarquer.

On regrette un peu de clarté et de choix dans les preuves. On s'accorde à reconnaître dans l'abbé Lebœuf, malgré les nombreuses taches indispensables dans un pareil ouvrage, un des auteurs qui ont le mieux éclairé les origines et tout ce qui se rapporte à son vaste et intéressant sujet.

*Histoire de Paris* en 1725, 5 vol. in-fol. commencée par D. Félibien, achevée et publiée par D. Lobineau, qui en a fait les trois derniers volumes. Ouvrage savant et consciencieux.

*Histoire de l'abbaye de Saint-Denis*, 1 vol. in-fol., par D. Michel Felibien, 1706. Très-curieux.

*Voyages pittoresques aux environs de Paris*, par Dezailler d'Argenville, t. 1, p. 273, 1740, 2 vol. in-8°. D'Argenville a laissé des ouvrages estimés sur l'histoire naturelle qu'il connaissait à fond. Ses voyages offrent des lacunes et des inexactitudes qui leur ont beaucoup nui.

*Recherches critiques, historiques et topographiques sur la ville de Paris*, 1772. 5 vol. in-8°, par Jaillot, avec des plans. Très-solide et intéressant.

*Curiosités de Paris et les environs*, par Poncelin et Bequilliet, 1780, 5 vol. in-8°. L'architecture prend la plus grande place dans les descriptions de cet ouvrage.

*Dictionnaire historique de la ville de Paris et de ses environs*, par Hurtaut et Magny, 4 vol. in-8°, 1779. Hurtaut, maître de pension, a réuni dans son ouvrage une foule de détails très-curieux et assez intéressants, quoiqu'il vise un peu trop à la statistique, souvent dans la forme la moins intéressante.

*Description de Paris et des environs*, par Expilly, 2 vol. in-8°. Auteur prolixe et fécond, Expilly a composé un peu rapidement cet ouvrage.

*Description de Paris et environs*, par Hubault, 1732, 2 vol. in-12. Compilation abrégée.

*Le Voyageur en France*, tom. XLII. Ile de France, 1784.

*Mes Voyages aux environs de Paris*, par Lacaille, 1785, offre peu d'intérêt par sa brièveté.

*Guide des Amateurs étrangers à Paris et aux environs*, par Thierry, 1789, a beaucoup de ressemblance avec Hurtaut ; mêmes qualités, mêmes défauts à peu près.

Enfin nous arrivons à l'ouvrage fameux de Dulaure :

*Environs de Paris*, 2 vol. in-18, 1789, plusieurs fois réimprimé depuis, et notamment sous le titre suivant :

*Histoire physique, civile et morale des environs de Paris*, 1825-1827, 4 vol. in-8°.

Ces ouvrages, malgré leur réputation, ne sont qu'une longue compilation où leur auteur, avec une connaissance légère et superficielle de son sujet, a entassé sans choix ni critique, anecdotes sur anecdotes, épigrammes sur épigrammes, contre les mœurs, la religion, etc., etc. Dulaure a trop fait dégénérer l'histoire en pamphlet. L'historien sans doute doit être impartial, mais jamais il ne lui est permis d'être injuste au point de taire tout le bien et de dire tout le mal.

Dans ce siècle, M. de Saint-Victor a fait paraître avec un succès mérité, son *Tableau historique de Paris*. — Malgré ses longueurs et sa forme défectueuse et irrégulière, cet ouvrage, sans contredit, est le meilleur qu'on ait publié sur Paris.

Touchard-Lafosse a présenté l'*Histoire des environs de Paris*, dans un rayon de trente à quarante lieues. C'était trop embrasser, aussi son ouvrage est-il nécessairement très-incomplet.

En 1856, ont paru les *Chroniques de Passy*, par Quillet, 2 vol. in-8°. En 1847, M. l'abbé Lecann a publié l'histoire de Clichy, 1 beau vol. in-8°.

Nous ne connaissons pas d'autres écrits récents sur les Environs de Paris, mais nous croyons savoir qu'on prépare en ce moment de curieuses monographies sur Montmartre, Vincennes, Gentilly, Auteuil et Boulogne, communes anciennes du territoire de Paris.

Nous formons le vœu de voir paraître bientôt le fruit de ces recherches. C'est un labeur pénible et modeste, il est digne d'encouragement.

# CHAPITRE PREMIER.

---

*Les Ternes depuis leur commencement*
*jusqu'au XVIe siècle.*

---

Au VIIe siècle, une forêt épaisse couvrait tout
l'espace compris entre St-Cloud et Montmartre,
et occupé maintenant par Boulogne, Auteuil,
Passy, Chaillot, le Roule, le faubourg St-Honoré,
les Ternes, Neuilly, Villiers, les Batignolles, et
une partie de Clichy.

L'aspect général de ces lieux présente une
longue colline, escarpée à son commencement,
plus large ensuite, et dont les pentes fortement
adoucies descendent des deux côtés vers les rives
de la Seine. Cette forêt, dont il ne reste plus
aujourd'hui qu'un faible débris, le Bois de Boulogne, défendait du côté de l'Ouest la ville de
Paris, protégée de l'autre côté par la forêt de
Vincennes.

Paris, à cette époque, était encore le Paris de
Julien. Non loin de la cité, assise dans l'île formée
par le fleuve, un nouveau quartier s'était élevé
autour du palais du prince romain, et de rares
maisons s'étaient échelonnées le long de la rue

2

qui conduisait sur le plateau de la colline, nommée depuis la montagne Ste-Geneviève. Des
champs, des vignes, des jardins du côté du nord ;
des prés, des marais du côté du midi ; telle était
la physionomie de cette ville qu'il plut aux rois
barbares de la première race, de faire la capitale
de leurs nouveaux États.

Quelque agréable que fut pour les princes
mérovingiens le séjour d'une cité aussi admirable-
ment située, il leur fallut bientôt une résidence
d'été, voisine de la ville, qui leur permit de satisfaire leur goût pour les agréments de la campagne
et surtout pour les exercices de la chasse. La forêt de l'Ouest leur offrait ces avantages : ils se
fixèrent donc à son extrémité, près des bords de
la Seine ; ce qui leur procurait en outre, dans un
temps où les voies de communication étaient si
imparfaites, le moyen prompt et facile de revenir
par eau dans leur capitale. C'est là l'origine du
palais de Clichy (1), le plus ancien village sans
contredit des environs de Paris.

Le territoire du nouveau village devint très-
étendu ; car il comprit à peu près toute cette
vaste forêt à la quelle il était adossé. Peu à peu

---

(1) Clichy vient du mot celtique *clipp* ou *claipp*, qui veut dire
*clappier*, garenne. On a dit en latinisant le mot gaulois, *Clippia-*
*cum*, puis par corruption, *Clipjacum*, *Clipjy*, *Clipchy*, enfin
*Clichy*. Cette étymologie nous paraît fort contestable : nous
aimons mieux celle que nous donne M. l'abbé Lecann, qui fait déri-
ver Clichy de deux mots celtiques *clip* (*clivus*) bord, *iac* (*aqua*) eau.
Ainsi Clichy latinisé depuis signifierait, bord de l'eau.

le voisinage et les exigences de la grande ville
procurèrent le défrichement d'une partie de la
forêt, et sur des points divers, des hameaux se
formèrent, qui successivement furent détachés
de la souche commune, absorbés les uns par
Paris, constitués les autres en paroisse. Ce travail
fut lent, puisqu'au commencement du xv⁰ siècle,
la rue St-Honoré s'appelait encore rue de Clichy,
et qu'à la fin du xviii⁰ siècle la jurisdiction de
Clichy s'étendait toujours sur les maisons situées
sur les boulevards intérieurs de Paris.

Les Ternes, dont nous avons entrepris d'es-
quisser la notice historique, ont si longtemps
partagé le sort de Clichy, auquel leur territoire
appartenait, que leur histoire dans ces âges re-
culés est la même. Les évènements qui se sont
passés au sein du chef-lieu peuvent être reven-
diqués par toutes les parties. Nous raconterons
donc brièvement la courte période de splendeur
qui environna Clichy, à son berceau. Elle se rapporte directement à notre sujet.

Dagobert I⁰ʳ est celui des rois de la première
race qui paraît s'être attaché davantage à Clichy,
dont il aimait le séjour jusqu'au point d'y résider
constamment. Il y fit bâtir un palais avec toutes
ses dépendances. Pour cultiver les terres nouvellement défrichées, il attira des habitants auxquels
il accorda plusieurs priviléges, et leur abandonna
un grand terrain près de la Seine, à l'endroit où
elle forme plusieurs îles. On appela ce lieu *Villa*,
grande ferme, petit village ; plus tard on dit

*Villare*, que nous avons traduit par Villiers ou mieux Villers. Du reste ces concessions du roi étaient intéressées, les habitants nouveaux n'étaient que des serfs qui devaient cultiver le domaine royal, sous les ordres d'intendants royaux. Du côté opposé, non loin du tombeau de St-Denis, Dagobert eut une autre *Villa* où il fit construire un petit manoir, dans lequel vint mourir son chancelier, Dadon, archevêque de Rouen, plus connu sous le nom de St-Ouen. Ce saint personnage fut enterré en ce lieu auquel il donna son nom (1).

Dagobert se plaisait d'autant plus à Clichy, qu'il était là tout à la-fois près de Paris et de St-Denis, où il avait entrepris d'ériger une magnifique basilique, en l'honneur de ce martyr célèbre. C'était donc une situation heureuse : aussi y fixa-t-il son séjour, malgré la nécessité où se trouvaient nos rois d'alors de changer souvent de résidence ; d'aller par eux-mêmes recevoir et surveiller les serments de fidélité des villes, des provinces toujours disposées à se révolter contre les concussions d'un lieutenant infidèle, ou à embrasser le parti d'un prétendant audacieux. Clichy (2) devint pendant un siècle le théâtre et le témoin des évènements importants qui survinrent à la cour des rois de cette époque.

---

(1) Ce lieu est encore appelé aujourd'hui Saint-Ouen, *Villa Saint Audoeni*, joli village sur les bords de la Seine, 1800 habitants.

(2) Frédégaire, nᵒˢ 78, 79, 80 et 81. Grégoire de Tours, liv. III.

En 626, Dagobert célébra ses noces avec Gomatrude, dans son beau palais des bords de la Seine, à l'entrée de la forêt de Clichy. Trois jours après cette cérémonie, il y eut entre les princes de grands démêlés, touchant le partage des États : il fallut l'arbitrage de douze évêques, St-Arnoul de Metz à leur tête, pour ramener la paix et la concorde.

En 627, les évêques et les seigneurs des royaumes de Neustrie et de Bourgogne furent convoqués à Clichy, pour délibérer sur les intérêts de l'État, en assemblée générale. Une scène sanglante inaugura les débuts de cette assemblée. Un certain Ragneric, favori du roi, jaloux du crédit d'Éginaire, intendant du palais d'Aribert, second fils de Clotaire, le fit assassiner dans la plaine des Ternes, près du Roule. Aussitôt grande rumeur parmi les seigneurs ; chacun prit parti, suivant son intérêt. On courut aux armes ; les uns pour venger la victime, les autres pour défendre le meurtrier. Deux camps se dressèrent dans la plaine qui s'étend au-dessous de Montmartre, dans l'emplacement où se trouvent aujourd'hui les Batignolles. On allait charger de part et d'autre, lorsque Dagobert, que touchaient peu ces intrigues de palais, donna ordre aux bourgeois de Paris de se tourner contre ceux qui commenceraient l'attaque. Cet ordre apaisa la fougue des plus échauffés. Néanmoins, Éginaire ne put se féliciter longtemps du succès de son crime : un ami de Ragneric le tua d'un coup d'épée.

En 630, Sigebert, fils aîné de Dagobert, naquit à Clichy. St-Amand, premier évêque de Maestricht et apôtre de la Belgique, fut prié de baptiser solennellement cet héritier futur de la monarchie franque. Ce saint évêque avait encouru la disgrâce de Dagobert, à cause de sa hardiesse à le reprendre de ses désordres ; le roi saisit cette occasion pour le rappeler à sa cour et lui faire une amende honorable.

La même année, Dagobert reçut dans son palais de Clichy, une députation des peuples de la Gascogne et de la Bretagne, chargée de lui offrir des réparations pour les dommages qu'ils avaient causés dans les terres soumises au roi. Peuples fiers et indomptés, c'était la force des armes qui les avait amenés à une soumission. Ils s'avancèrent jusqu'au Roule, suivant le récit de Frédégaire, et envoyèrent demander audience au monarque frank. Dagobert chargea son chancelier Dadon d'aller les recevoir, et de les lui amener à Clichy. Le résultat de cette députation fut tel qu'on devait s'y attendre : l'intermédiaire, choisi par le roi, vit, par ses soins, une paix avantageuse et honorable sceller la réconciliation des deux partis.

En 631 et 656, des assemblées d'évêques se tinrent à Clichy. Ces assemblées, connues sous le nom de conciles, avaient pour objet : l'organisation de plusieurs abbayes nouvellement fondées, la question des biens et des terres attachés aux Églises. On y fit également plusieurs canons ou réglements de discipline.

A l'issue du dernier concile, le roi Clovis II, en présence des Évêques et des Grands, accorda, du consentement de Landry, évêque de Paris, entr'autres priviléges, celui de l'exemption de la jurisdiction épiscopale, à l'Église récemment bâtie sur le tombeau de St-Denis.

Clovis II avait épousé en 649, à Clichy, une jeune esclave anglaise, nommée Bathilde. Erchinoald, maire du palais, l'avait achetée des mains de pirates, qui l'avaient enlevée. Clovis la vit, et il la fit reine. Trois fils naquirent de cette union : Clotaire III, Childéric II et Thierry III, qui régnèrent successivement. Bathilde, après la mort prématurée de son époux, devint tutrice des princes et régente de la couronne. Elle avait su être esclave et obéir, elle sut être reine et commander. La minorité des rois est ordinairement pour les sujets une époque de souffrance et de vexation ; la régence de Bathilde fut au contraire un temps de prospérité et de paix générale. Elle gouverna, tant qu'elle crut être utile à la France ; dès qu'elle put renoncer au pouvoir, elle le fit avec plaisir et bonheur. Par devoir elle avait été reine, par goût elle devint religieuse. Elle se retira dans le monastère de Chelles qu'elle avait fondé, et se montra, dit Mezerai, plus illustre dans son humilité qu'elle ne l'avait été dans sa grandeur.

Bathilde, par ses vertus, mérita d'être appelée sainte, et ce n'est pas le seul exemple que nous présente, malgré la barbarie du temps, la ru-

desse des hommes et la corruption des mœurs,
la cour des rois mérovingiens. St-Éloi, St-Ouen,
St-Arnoul, St-Anschaire, St-Léger et beaucoup
d'autres que leurs vertus désignaient au choix
des peuples pour l'épiscopat, étaient à cette époque
l'ornement du palais. Je ne parle pas des Saints
Evêques et des Saints Solitaires, Anachorêtes ou
Moines, qui à diverses reprises, venaient du fond
de leur retraite plaider auprès du monarque la
cause de la justice, de la miséricorde ou des bon-
nes mœurs. Bathilde du reste n'avait eu qu'à co-
pier la vie de Clotilde et de Radégonde ; elle fut
comme elles, femme et mère de rois ; et comme
elles aussi, honorée après sa mort des hommages
de son peuple.

Clichy continua d'être une résidence royale où
les derniers princes mérovingiens déchus de leur
antique valeur, oubliaient dans les délices du repos et les plaisirs de la chasse, qu'ils n'é-
taient plus que les premiers sujets de celui qui
s'appelait maître ou maire du palais. Clichy vit
ainsi paraître et disparaître tous ces fantômes de
rois, qui croyaient peut-être conserver toujours
le pouvoir de leurs fiers aïeux, parce qu'ils en occupaient la royale habitation. Charles-Martel se
lassa vite de cette comédie politique. A la mort
de Thierry de Chelles, il ne crut pas devoir placer
sur le trône un nouveau représentant de ce pouvoir qu'il exerçait lui-même dans toute sa pléni-
tude. Il prit le titre de duc des Français, et gouverna les États comme son patrimoine.

Quand même ce chef entreprenant eut pu toujours résider dans la même demeure, Clichy n'aurait point fixé ses regards. Clichy, qui fut si longtemps le séjour de ses anciens maîtres dépossédés lui était odieux : les souvenirs que le palais de Dagobert rappelait devaient être écartés à tout prix. Charles-Martel ne garda ni pour lui ni pour aucun des siens le domaine de Clichy. Chose surprenante! ce grand homme, à qui les chroniqueurs du temps reprochent d'avoir pillé les biens de l'Église et de les avoir dispensés sans mesure à ses partisans, réserva Clichy, et crut justifier ses usurpations, en faisant donation pleine et entière de cette terre royale avec toutes ses dépendances à l'abbaye de St-Denis.

Dès ce moment Clichy n'est plus qu'un fief ordinaire, qu'une faible portion de ces vastes domaines, possédés par l'abbé de Saint-Denis. Toute sa gloire s'est évanouie, et toute sa splendeur a disparu avec la race de ses bienfaiteurs. L'histoire se tait sur son sujet, et son nom n'est plus prononcé que lorsqu'il s'agit de payer redevance et tribut au nouveau suzerain. Les Cartulaires de l'abbaye contiennent une mention abrégée de son rapport, de son produit, sans dire autre chose. Il est vrai que, pour se consoler de sa chute, Clichy peut se glorifier des hauts faits des abbés de Saint-Denis, ses véritables seigneurs. Lorsque la seconde race de nos rois se fut énervée à son tour, et qu'elle fut devenue impuissante à porter le sceptre et à sauvegarder la société chancelante, Hugues, chef de la troisième race, était abbé de Saint-Denis ; et ce titre, qu'il considérait comme un bien précieux, fut l'héritage de son fils. Quoi qu'il en soit, Clichy demeura toujours en la possession de l'abbaye, et fut à peine remarqué parmi les nombreux fiefs qui relevaient de ce monastère.

Ici notre tâche d'annaliste de la ville des Ternes devient difficile. Au milieu de la confusion qui suivit le règne de Charlemagne et de ses successeurs, on perd complètement de vue Clichy et ses dépendances.

Aucun document, aucune charte ne nous reste sur l'état de ce village, dans ces temps d'anarchie et de désolation. On peut, du reste, facilement présumer que durant les grandes incursions des Normands, ce lieu, si voisin de Paris et de Saint-Denis, double objet de leurs convoitises, ne fut pas épargné par la fureur de ces barbares. Les craintes et les frayeurs qu'excitaient parmi les populations les cruautés et les déprédations de ces hardis pirates étaient extrêmes ; à leur approche, les habitants des campagnes se renfermaient à la hâte dans les villes et les forteresses, avec leurs richesses, leurs choses précieuses ; tous cherchaient un refuge contre le fléau d'une guerre inexorable. Certes, les serfs de Clichy, de Villiers, de port Luny, durent trembler, lorsqu'ils virent passer sur la rivière des centaines de barques qui venaient bloquer Paris. Les Normands firent sans doute beaucoup de ravages de ce côté, tout-à-fait ouvert et peu défendu ; et il est présumable que l'abbaye de Saint-Denis et son territoire ne furent pas plus respectés que l'abbaye de Saint-Germain-des-Prés, malgré la riche rançon qu'elle avait offerte à leur avidité.

Lorsque les Normands se furent retirés, les serfs de Clichy et de Villiers eurent cet avantage, qu'appartenant à une abbaye puissante, et par-là même respectée, ils purent, à l'abri des troubles que causaient les dissensions des seigneurs particuliers, cultiver plus tranquillement leurs terres, étendre et multiplier leurs habitations, dans les clairières du bois. Les monastères étaient obligés, il est vrai, d'envoyer leur contingent militaire sous la bannière du suzerain ; mais, ne faisant pas généralement la guerre par eux-mêmes, et s'appuyant sur des protecteurs armés pour soutenir leurs querelles, les populations, soumises à leur jurisdiction, possédaient des garanties précieuses de paix et de sécurité. En outre, les moines se recrutant le plus ordinairement dans les rangs du peuple, le souvenir de leur origine les rendait encore plus humains et plus modérés dans l'exercice de leurs droits seigneuriaux. Nous n'entrerons ici dans aucun détail sur la propriété telle qu'elle était organisée, selon les lois et les mœurs du temps ; ces détails, fort longs d'ailleurs, ne nous paraîtraient pas suffisamment amenés par notre sujet. Nous dirons simplement que Clichy, *avec ses appartenances,* ayant été donné à l'abbaye de Saint-Denis, celle-ci, après

avoir aliéné, suivant ses convenances, le fief
principal de Clichy, conserva à peu près tous ses
droits féodaux sur Villiers, et par conséquent
sur le Port-Nuly (Neuilly), les Ternes et le
Roule. Elle en jouit jusqu'en 1687, Louis XIV
les transporta en partie à la communauté des
dames, établie par madame de Maintenon à Saint-
Cyr, pour l'éducation gratuite des demoiselles
nobles et sans fortune. A partir de cette époque,
tous les actes de propriété ou transactions quel-
conques reconnaissent cette suzeraineté, parta-
gée entre les moines de Saint-Denis et mesdames
de Saint-Cyr. Dès l'an 1221, les membres du
chapitre de Saint-Honoré avaient obtenu le droit
de percevoir les grosses dîmes dans l'étendue de
notre territoire : cette grosse dîme se percevait
sur le produit le plus clair des champs, le blé,
le seigle, l'orge, l'avoine, le vin. Ces droits divers
furent acquittés jusqu'à la révolution par les
tenanciers du sol. Afin que l'acquittement de ces
droits fut complet et régulier, l'administration
de l'abbaye faisait dresser de temps en temps
l'état exact des propriétés, le nom de ceux qui
les possédaient ; ces registres, appelés *terriers,*
nous ont été conservés, la plupart depuis le
xv° siècle ; nous les avons consultés, et c'est sur
ces documents authentiques que reposent toutes
nos allégations.

Sous le règne des premiers Capétiens, l'histoire
mentionne à peine trois ou quatre fois le nom de
Villiers ; tantôt à propos d'une donation royale

par laquelle Philippe I<sup>er</sup> cède et donne le château de Courcelles (1) (*Curteciolum*), tantôt à propos d'inondation et de crue d'eau. Le Rolle (le Roule), le port Luny ou Nuly (Neuilly) avaient été presque submergés, « et, disent les grandes Chroniques de Saint-Denis (2), on allait en bateau depuis le bac Saint-Antoine (l'île Louviers) jusqu'au Rolle. »

Lors de la grande guerre de cent ans contre les Anglais, Villiers et ses environs durent beaucoup souffrir des troubles qui ensanglantèrent Paris à cette époque, et amenèrent si souvent les ennemis à ses portes. Les armées de ce temps-là n'étant pas payées, le soldat cherchait son entretien dans la maraude et le pillage ; on conçoit dès-lors que l'habitant de la campagne n'aimât point de pareils visiteurs. Ce fut pour se garantir de l'irruption de ces bandes armées qui rôdèrent autour de la capitale, surtout dans les malheureuses années qui suivirent la captivité du roi Jean, que la ferme de *l'Esterne* (les Ternes), fut rebâtie entièrement par Pierre Jourdaing, et entourée de fortes murailles. Les Chroniques (3) qui nous racontent ce fait, où le nom et le lieu futur de notre ville apparaissent ainsi désignés pour la première fois,

---

(1) Courcelles était un fief situé entre Villiers et Clichy.

(2) Chroniq. de Saint-Denis, l'abbé Lebœuf. *Histoire de la banlieue de Paris.*

(3) Act. manuscr. Archiv. nation. Sect. doman.

rapportent que « la ferme comprenait dix-neuf arpents (*decem et novem arpenta*) (1). Cette précaution, ajoutent-elles, était d'autant plus nécessaire, que cette ferme, avec son clos, était située sur le bord du grand chemin. » Pierre Jourdaing avait fait les choses magnifiquement ; c'est ce qui le ruina : il fut forcé de vendre sa terre, après la bataille d'Azincourt, où périt son fils unique. Il se retira dans un couvent de tiers-ordre, et Thomas de Nuilly, qualifié dans l'acte, de bourgeois de Paris, changeur, demeurant rue Saint-Josse, acheta cette propriété : les moines de Saint-Denis approuvèrent et ratifièrent la vente, moyennant une légère augmentation de cens sur chaque arpent de terre.

Après les victoires de Jeanne d'Arc et des généraux de Charles VII, après la reprise de Paris sur les Anglais, qui en fut l'heureuse conséquence, la campagne de Villiers devint tranquille ; les travaux de culture, de défrichement furent peu à peu repris, et une grande prospérité vint réparer les anciens désastres. Il est curieux pour nous de savoir quelle était la situation de ce village, après tant de bouleversements. Un ancien terrier établit ainsi la balance entre les diverses sections qui composaient la paroisse de Saint-Martin-de-Villiers ; ce rapprochement ne manque

---

(1) Dans l'espace compris aujourd'hui entre l'Avenue des Ternes, la rue Lombard, d'une part ; la rue des Dames et la route de la Révolte, d'autre part.

pas d'un certain intérêt. *Villiers,* centre de la paroisse, résidence du curé, et le plus ordinairement des magistrats civils, échevins, syndic, etc., comptait trente maisons environ, occupées par des laboureurs et des pêcheurs ; l'église, le cimetière se trouvaient dans son enceinte. Le *port de Luny* ou *Nuly* ( Neuilly ) avait dix ou douze maisons habitées par des bateliers et des pêcheurs. L'abbé de Saint-Denis ayant permis et autorisé l'établissement d'un bac en cet endroit ( 1140 ), pour rendre plus régulières et plus fréquentes les relations entre Paris et les villes, bourgs et villages situés au-delà du fleuve, Saint-Germain-en-Laye, Nanterre, Bezons, Argenteuil, etc.; le port ou le gué de Nuly prit de là un grand accroissement, et sa population tendit à équilibrer ou à surpasser même celle de Villiers, ce qui arriva dans un temps assez rapproché. Le *Rolle* ( Roule ) comptait seize à vingt maisons, au pied de la côte ; c'étaient des aubergistes, des maraîchers, des laboureurs : ces derniers habitaient plus ordinairement le hameau de Monceaux. Il y avait aussi des vignes, mais elles étaient affermées par des gens de Chaillouel ( Chaillot ) ; enfin, entre le Rolle et la plaine sablonneuse et stérile ( de Sablons ) qui le séparait du port Nuly et de Villiers, on rencontrait la ferme *Esterne* ( les Ternes ); on n'y voyait qu'une maison, avec des écuries et un clos. Le chemin ( aujourd'hui Avenue des Ternes ) suivait à peu près la même direction, qu'il a conservée. Le bois de Rouvray

(Boulogne) n'était point, à cette époque, enfermé de murs ; il venait, assez irrégulièrement, jeter ses bosquets d'arbres dans la plaine à moitié labourée : toute la butte de l'Étoile lui appartenait jusqu'à Chaillouel (Chaillot).

Telle était, à cette époque, la physionomie de ces lieux : des bois, des vignes, des champs cultivés, des cabanes et des chaumières ; le regard ne rencontrait point autre chose ; les chemins, sauf cependant la grande avenue, étaient des sentiers destinés à l'exploitation des terres.

Pendant la seconde moitié du xv⁰ siècle, nous ne trouvons rien de remarquable pour l'histoire qui nous occupe ; mais le moment arrive où le nom des Ternes va se dégager de son obscurité, paraître au grand jour, et obtenir quelque célébrité. L'ancienne ferme se convertit en château, et le château des Ternes reçoit dans ses murs une nouvelle famille dont l'éclat rejaillit sur le lieu de son séjour. Ici commence pour les Ternes une nouvelle existence ; on nous pardonnera d'entrer dans quelques détails.

# CHAPITRE DEUXIÈME.

*Les Ternes, depuis le XVI° jusqu'au XVIII° siècle.*

Au commencement du XVI° siècle, deux jeunes gens d'une médiocre naissance, mais pleins d'ardeur et d'ambition, quittèrent la ville d'Issoudun, en Berry, pour venir tenter la fortune des lettres à Paris, la ville des savants et des universités. Louis XII, et principalement François I°, par la protection qu'ils accordaient aux lettres et aux sciences, attiraient à eux tout ce qui écrivait et tout ce qui versifiait en France. Nos deux jeunes gens venaient, comme tant d'autres, recueillir leur part dans les largesses royales. Ils s'appelaient Habert; l'aîné avait nom François; il était poëte; vif, bouillant, original, joyeux et triste, léger et réfléchi, actif et paresseux; c'est le portrait qu'il fait de lui dans ses ouvrages. Il avait composé des poëmes, tourné des sonnets, façonné des rondeaux, arrondi des madrigaux; le gouverneur d'Issoudun l'avait félicité, et sa réputation s'était étendue jusqu'à Bourges.

Le second frère se nommait Pierre; il avait l'imagination moins vive, mais plus réglée; son style était moins hardi, mais plus soutenu; les qualités de son esprit étaient plus solides et moins

3

brillantes; il était poëte et prosateur; du reste,
avec des connaissances positives et pratiques des
affaires, il réunissait infiniment de tact et de prudence.

Ils se rendirent donc à Paris, où leur renommée
ne les avait point précédés. Quelques amis leur
procurèrent un modeste emploi dans un de ces
petits colléges qui florissaient au quartier de la
Sorbonne; mais François ne tarda pas à se fati-
guer du métier de censeur; il laissa là la férule
et reprit sa première liberté et sa vie aventureuse
de poëte. Heureusement pour lui, son frère pensa
à leur avenir commun. Pendant que la verve
vagabonde et joyeuse de l'aîné s'épanouissait en
ballades et en épîtres, et qu'en son poétique lan-
gage il se plaignait de ce que la fortune ingrate
ne l'eût point fait naître comte, duc ou baron, le
cadet, plus sage, résolut d'attendre un temps
propice pour faire sa cour aux Muses, et mit à
l'écart tous les beaux projets rêvés à Issoudun. Il
avait un talent remarquable pour la calligraphie;
il se fit donc professeur d'écriture. L'industrie
des copistes était bien décrue, depuis la récente
invention de l'imprimerie; néanmoins, l'art du
calligraphe était toujours en honneur, et une
belle écriture était grandement estimée. Pierre
Habert s'accommoda facilement de son nouveau
métier, inventa une nouvelle méthode, et pour
la propager, il la publia dans un livre qu'il fit
imprimer en 1540; cet ouvrage, que nous avons
encore, eut du succès, et il procura des élèves à

l'auteur parmi les jeunes seigneurs qui fréquen-
taient la cour. L'esprit, le savoir-vivre et les bon-
nes manières du professeur ne tardèrent pas à lui
gagner l'amitié de ses élèves ; il devint, non plus
leur maître, mais leur ami et leur conseiller ; on
le produisit dans les meilleures compagnies, et il
s'y trouva en contact avec les hommes les plus
distingués de son temps : c'est alors qu'il acheta
la maison et la ferme des *Ternes*. A son titre d'é-
crivain, d'homme de lettres, comme on dirait
aujourd'hui, il ajouta la qualité de seigneur, propriétaire d'un fief, ce qui était encore une assez
bonne recommandation ; pour comble de fortune,
on le présenta au roi, qui, avec ses entrées libres
à la cour, lui accorda la place de secrétaire.

Dès ce moment Pierre Habert nous intéresse ;
il apparaît à nos yeux comme le fondateur, le
restaurateur des Ternes ; non seulement il tire
ce nom de l'obscurité, mais il devient le père
d'une famille de littérateurs célèbres, qui appor-
tent l'éclat de leur réputation sur ce lieu ignoré.
Réservant toute notre attention sur Pierre, nous
laisserons de côté son frère François, qui retourna
mourir à Issoudun (1).

---

(1) Après Clément Marot, François Habert est celui de tous ses
contemporains qui a réuni le plus de grâce et d'énergie dans ses
ouvrages qui sont nombreux. L'amour et la mort font le sujet le
plus ordinaire de ses poésies. On estime encore son poëme des
*Trois nouvelles Déesses*, Paris, 1846. Il traduisit par ordre de
Henri III, les *Métamorphoses d'Ovide*, et en fut récompensé par
une pension. On peut consulter sur ce poëte : *Annales poétiques*,
t. 8 ; *Biographie* de Michaud ; *Dictionn.* de Ladvocat, de Feller ;
*Biblioth.* de Lacroix, de Goujet ; *Mémoires* de Niceron, etc., etc.

Une fois lancé à la cour, Pierre Habert, grâce à son talent de plaire, ne s'arrêta pas en chemin ; sans rien devoir à l'intrigue, il fut successivement écuyer, secrétaire, valet-de-chambre du roi, bailli de l'artillerie de France, et enfin garde-des-sceaux. Henri II et Charles IX se plaisaient dans sa société, et ils aimaient à l'appeler dans leurs conseils privés. Cette faveur dont il jouit auprès de ces souverains éclaircit un peu notre histoire, et je ne serais pas étonné que le domaine des Ternes, qu'il acheta, n'eût été l'objet de son choix, à cause de sa proximité avec le château royal de Madrid, récemment construit sur les confins du bois de Rouvray (de Boulogne), par François I<sup>er</sup>, à son retour de captivité.

Quoi qu'il en soit, de simple ferme, les Ternes devinrent, dès ce moment, demeure seigneuriale; les charges possédées par Habert l'ennoblissaient de droit : les rois de France ne dédaignèrent pas de venir plus d'une fois lui demander l'hospitalité. Ces visites royales, tant estimées par les courtisans, prouvent jusqu'à quel point le sujet plaisait au maître. Pierre Habert eut cet avantage de voir survivre sa faveur pendant cinq règnes successifs ; et c'est un bel éloge pour ce temps, où les intrigues étaient si vives, les coteries si ardentes, les inimitiés si violentes, les partis si exclusifs et si entraînants. Quoique mêlé à tous les évènements de la cour, Pierre, avec sa prudence accoutumée, se renfermait dans les limites de sa charge,

dans ses devoirs de père de famille : ses loisirs, il
les consacrait aux lettres.

Il a laissé un grand nombre d'ouvrages (1) sur
l'Écriture, la Physique, l'Alchimie, etc. ; ils se
ressentent du goût de l'époque ; la lecture, aujourd'hui, en serait fatigante ; ses poésies seules
pourraient se soutenir : les sujets en sont variés,
originaux, et se rapprochent assez de la méthode
de son frère Ainsi, le *Traité du Bien,* et *Utilité
de la Paix, et des Maux provenant de la Guerre,*
en vers alexandrins, dédiés au roi Charles IX,
1568, in-8º ; *le Miroir de Vertu,* 1559, in-12 ; *le
Chemin de bien Vivre,* 1594, in-12, et 1587,
in-8º. Le style est assez pur, simple et naïf, et les
pensées sont justes et quelquefois spirituelles.
Nous en citerons plusieurs fragments ; d'abord,
le Prologue d'un livre sur la Calligraphie, de-
mandé par le roi :

> Pour obéir, Sire, au commandement
> Qu'il vous a plu me faire, ai brièvement
> Dessus mon nez assises mes lunettes
> Pour déchiffrer lettres que n'ai lu nettes,
> Du vieil livret, qu'il vous plut me bailler
> Et qui m'a de nuit souvent bien fait bailler ;
> Car les lettres en étaient effacées,
> Et les marges du parchemin cassées.
> Ce nonobstant, j'ai tant fait, trait à trait,
> Que vous en ai ce livre ici extrait;
> Et néanmoins, que soit cettui livre vain,
> Il vous plaira d'excuser l'écrivain,
> Votre Habert, très humble en votre chambre,
> Qui vous requiert que de lui vous remembre.

---

(1) *V. Biograph.* de Michaud, Ladvocat, Moreri. *Bibliothèq.*
de l'abbé Goujet, Lacroix du Maine.

Voici un autre échantillon de sa manière de faire :

> C'est en avril, au dix-septième jour,
> Au beau printemps, que la rose est en flour,
> Gaye saison, où tout se renouvelle
> Le pré verdoye, et toute flour est belle.
> L'hiver se passe, et la morte saison,
> Les petits oiseaux commencent leur chanson,
> L'aronde (hirondelle) s'ébaudit, etc., etc.

Le vers, on le voit, est facile, et non dépourvu de grâce. Nous terminerons cette citation par le quatrain suivant :

> La femme en son espèce est plus que l'homme, humide,
> C'est la cause pourquoi elle plore aisément ;
> L'homme aussi, qui, proche est d'un tel tempérament,
> Jette facilement vapeur fluide.

C'était bien le goût du temps ; les ouvrages du seigneur des Ternes sont remplis de pareilles comparaisons. Nous en avons dit assez sur son mérite littéraire, qui n'est pas son principal titre à notre attention.

Deux enfants naquirent à Pierre Habert dans sa maison des Ternes ; une fille et un garçon. Le soin des affaires, le séjour à la cour ne lui firent point négliger leur éducation ; ces deux enfants profitèrent des soins intelligents et éclairés, donnés à leur instruction. La demoiselle Suzanne des Ternes fut mariée à Charles Dujardin, secrétaire du roi Henri III. Les cérémonies des noces eurent lieu dans l'église de Saint-Martin de Villiers, et le festin dans l'enclos des Ternes ; l'assistance fut belle et magnifique ; le roi y députa quelques seigneurs de sa cour pour le remplacer

et faire honneur aux deux familles qui s'alliaient.
La jeune épouse, malgré tout ce que lui promet-
tait d'heureux un avenir si beau, ne tarda pas à
éprouver l'instabilité des choses humaines. Dujardin fut enlevé tout d'un coup à sa tendresse,
et elle demeura veuve, à vingt-quatre ans. C'était
une femme d'un grand esprit et d'un grand cou-
rage, et, pour tout dire, d'une religion sincère et
profonde ; elle prit les habits de deuil, qu'elle ne
quitta plus : toute sa vie fut consacrée à la retraite, aux aumônes, aux soins des pauvres ; car,
en même temps qu'elle se livrait aux exercices de
la dévotion la plus avancée, elle ne perdait pas de
vue ses devoirs envers ses semblables. Son goût
l'eût peut-être portée à entrer dans une de ces
nombreuses congrégations de femmes qui, à cette
époque, apparurent plus nombreuses et plus régulières, pour servir de contre-poids salutaire,
dans le monde moral, aux désordres qui désho-
noraient la société : elle resta libre, et son influence augmenta.

Tous les écrivains (1) du temps parlent de Suzanne des Ternes, dame Dujardin, avec une estime
et un respect qui nous sembleraient peut-être
exagérés, si d'autres témoignages ne nous appre-
naient que leur récit n'est qu'un hommage rendu
à la vérité. Suzanne ne méritait pas seulement
ces éloges par ses vertus : sa science lui valut les

_____

(1) Bibliothèq. de l'abbé Goujet. Lacroix du Maine. P. Hilarion,
de Coste. *Histoire des femmes illustres*, du xve et xvie siècle. Mémoire du Temps.

louanges de ses contemporains. Au rapport de
Moréri, elle était un prodige d'érudition ; les lan-
gues anciennes, le grec, le latin lui étaient fami-
liers ; elle parlait non moins facilement l'italien,
l'allemand, l'anglais et l'espagnol ; elle connaissait
la philosophie, l'histoire et la théologie, et elle
écrivait en vers et en prose. Elle laissa de nombreux écrits, des Mémoires, des Lettres, des Dis-
sertations, des Traités sur divers sujets de morale, etc., etc. ; son neveu Isaac recueillit tous
ses papiers, mais un scrupule de conscience mal
interprété l'empêcha de se rendre aux vœux du
public, qui désirait ardemment l'impression de ces
manuscrits : sa tante lui avait recommandé de ne
rien faire pour la tirer de l'obscurité dans laquelle elle avait voulu vivre et mourir. Ainsi ont
été perdus pour la postérité des écrits qui auraient pu jeter quelque clarté sur les évènements
et les hommes de l'époque. Suzanne mourut au
monastère de la Madeleine de la Ville-l'Évêque, à
l'âge de soixante dix-huit ans, non loin des Ternes,
où elle s'était retirée pendant sa longue carrière.

Telle fut Suzanne, fille de Pierre Habert, seigneur des Ternes ; Isaac, son frère, ne lui céda
point en vertu et en science. Il avait reçu la
même éducation, et ses dispositions naturelles
pour l'étude s'étaient développées avec avantage
sous l'habile direction de son père. Mais il lui
arriva, ce qui est assez ordinaire : avec autant et
peut-être plus de talents, il acquit moins de réputation que son père. Il avait trouvé sa position

toute faite ; et il ne lui coûta pas de grands efforts
pour s'y maintenir. Il en eut été autrement, s'il
avait fallu percer la foule. Il mourut en 1628, dans
sa seigneurie des Ternes, qu'il avait fort embellie.
Son fils, nommé également Isaac, éclipsa par sa
célébrité tous les membres de sa famille. Il fut
bon prédicateur et grand théologien. Sa tante
Suzanne lui avait inculqué, dès son enfance,
les solides principes de la véritable piété,
et avait ainsi par là préparé les voies à sa voca-
tion. Il embrassa l'état ecclésiastique, parcourut
avec distinction les degrés des facultés, et
reçu docteur à la maison de Sorbonne, il devint, en peu de temps, chanoine et théologal de
l'Église de Paris ; bientôt même il fut nommé prédicateur ordinaire du roi. A la réputation de prédicateur éloquent, il joignit celle d'habile controver-
site. Les disputes du jansénisme, si oubliées de nos
jours, commençaient, dès ce temps, à occuper
fortement l'attention publique. Chacun sait que
Jansénius, évêque d'Yprès, en Belgique, avait
dans un ouvrage sur les écrits de St-Augustin donné
naissance à un système dangereux qui sapait la
liberté humaine, et faisait de l'homme, un être
entraîné tout à la fois invinciblement et volontairement vers le mal ou vers le bien, selon qu'il
était dominé par la grâce ou la cupidité. Les chai-
res, les écoles, les cloîtres, tout, jusqu'aux salons
et aux places publiques, retentissait de discours
sur ces matières délicates. La Sorbonne s'émut
des dangers que courait la saine doctrine, et elle

formula une condamnation solennelle contre le
système de Jansénius. Habert, un des membres
les plus distingués de la Sorbonne, fit, à cette
occasion, paraître plusieurs écrits contre les partisans de la nouvelle hérésie : en récompense de
son zèle, il fut nommé à l'évêché de Vabres (en
1645), petite ville du Rouergue (Aveyron). Quoiqu'éloigné de Paris. Habert, du fond de la pro-
vince, continua ses luttes contre les jansénistes :
il composa, en 1650, une lettre fameuse à ce sujet ; tous les évêques de France la signèrent, et
elle fut envoyée au pape. Habert mourut, après
vingt-trois années d'un laborieux épiscopat, d'une
attaque d'apoplexie, lorsqu'il était en cours d'une
visite pastorale. Son diocèse le regretta sincère-
ment pour la simplicité de sa vie, la douceur de
ses manières et l'ardeur de sa charité. Isaac Habert a laissé des ouvrages (1) recherchés : 1° Une
traduction latine du *Pontifical des Grecs*, in-fol.
Paris, 1643. Cet ouvrage est enrichi de savantes
recherches, qui ont fait regarder son auteur
comme un des théologiens qui ont le mieux connu les vrais principes de la liturgie et des cérémonies ecclésiastiques. 2° Des vers latins, des
sylves et des hymnes en la même langue pour la
fête de St-Louis, dans le bréviaire de Paris. Les
muses latines lui étaient favorables. 3° Un traité
sur l'accord de la hiérarchie et de la monarchie ;

_____

(1) *Recherch. Bibliograph.*, t. 2. L'abbé Goujet, liv. XIII, p.
48. — Lacroix du Maine.

enfin beaucoup d'écrits contre Jansénius et Arnauld. Il a aussi laissé des sermons.

En racontant la vie, ou plutôt les détails biographiques qui nous sont resté sur les Habert, écuyers (1) et seigneurs des Ternes, nous avons perdu de vue le lieu de leur résidence. Pierre, en 1548, avait démoli le pavillon accolé à la maison du fermier : à la place du pavillon, construit en bois, et dont la façade avait été sculptée, il avait fait rebâtir une nouvelle demeure, espèce de château, flanqué de deux tourelles, environné de fossés pleins d'eau avec pont-levis. L'emploi de secrétaire du roi qu'il remplissait à la cour, lui conférait, suivant l'usage, la noblesse ; P. Habert avait cru pouvoir, sans plus de formalité, ordonnancer selon son goût la distribution et la décoration extérieure de ce qu'il appelait son hôtel des Ternes. Il oubliait que (2) tourelles, fossés, pont-levis, étaient l'apanage d'une certaine noblesse ; ses voisins et envieux se chargèrent de le lui rappeler par les difficultés et les embarras multipliés qu'ils lui suscitèrent au sujet de *ces usurpations*. Il n'avait pas moins fallu que ces visites royales réitérées, au château des Ternes, pour faire taire leur jalousie et leur mauvais vouloir. Pour s'affranchir de ces tracasseries sans cesse renouvelées, Isaac Habert s'adressa au roi, et lui

---

(1) Archiv. Nation., Sect. dom.

(2) *Dictionn. du Droit féodal.* — Art. Fossés, tourelles, Pont-Levis.

demanda une autorisation authentique, officielle,
qui confirmât les priviléges et les concessions
verbales de ses prédécesseurs, touchant le manoir
des Ternes. Louis XIII, alors régnant, lui fit dé-
livrer une ordonnance flatteuse, qu'il voulût lui-
même signer de sa main. Cette ordonnance, que
nous avons recueillie aux Archives nationales (1),
nous a paru précieuse pour notre histoire. Nous
l'insérons toute entière, parce qu'en dehors de la
formule accoutumée et du style ordinaire de cette
sorte de pièces, on y verra la mesure de considération dont jouissait alors à la cour Isaac Habert; et aussi les souvenirs historiques qui y sont
invoqués, deviennent par là au-dessus de toute
atteinte.

« LOUIS, par la grâce de Dieu, Roi de France
» et de Navarre, à nos amés et féaux conseillers,
» les gens tenant nos cours de parlement, maîtres
» des requêtes ordinaires et extraordinaires de
» notre hôtel, grand-conseil, prévôt de Paris,
» baillifs, sénéchaux, leurs lieutenants civils
» et autres qu'il appartiendra, SALUT.
» Notre amé et féal conseiller et prédicateur
» ordinaire, Isaac Habert, docteur en théologie,
» chanoine et théologal de l'Église de Paris, nous
» a fait, dit et remontrer qu'il est seigneur et
» propriétaire d'une *maison* appelée *les Ternes*,
» sise entre les villages du Roulle et du port Nu-
» ly, à Villiers la-Garenne, auparavant possédée

(1) Archiv. nation. Sect. dom.

» par son père et son ayeul, depuis plus de qua-
» tre-vingts années, en laquelle maison il y a si
» longtemps un colombier à pied (1) et pont-levis,
, quoique ladite maison ne soit point un fief ; les-
» quels colombier et pont-levis ont été construits
» par sesdits pères, en considération de leurs bons
» et agréables services ; même que le sire Roi
» Henri-Trois, de bonne mémoire, que Dieu ab-
» solve, faisant l'honneur à l'ayeul dudit exposant
» d'aller se divertir en ladite maison. C'est pour-
» quoi ledit suppliant, auquel ladite maison est
» échue par la mort de sondit père, craint que
, que l'on ne le vienne troubler en la possession
» et jouissance dudit colombier à pied et pont-
» levis ;...... A ces causes, désirant gratifier et
» favorablement traiter ledit suppliant, nous lui
» avons, de notre grâce spéciale, pleine puissance
» et autorité royale, confirmé et confirmons, en
» temps que besoin est ou soit, et de nouveau
» octroyé et concédé, octroyons et concédons par
» ces présentes, signées de notre main, le droit
» d'avoir colombier à pied et pont-levis en ladite
» maison des *Ternes ;* voulons qu'il en jouisse

---

(1) Aujourd'hui, après les conquêtes obtenues par suite de nos
révolutions, nous estimons peu ces droits de colombier à pied, c'est-
à-dire, colombier qui a sa base, sur la terre par opposition aux co-
lombiers à volière, à cage, de pont-levis, etc. — Au temps d'Habert,
toutes ces distinctions étaient recherchées et grandement estimées :
elles étaient la marque d'une noblesse peu commune. Il ne fallait
pas moins que lettres ou paroles royales, et enregistrées au parlement pour autoriser un particulier à faire bâtir un pont-levis et
un colombier, tels qu'ils sont désignés dans l'ordonnance.

» tout aussi que s'il avait les lettres de concession
» faites à ses prédécesseurs ; et plus, commuons
» ladite maison des *Ternes* en fief, sans qu'il
» puisse néant moins prétendre aucun droit de
» seigneur autant plus grand que ceux dont il
» jouissait avant, etc., etc., etc. Car tel est notre
» bon plaisir.

» Donné au mois de mars, l'an de grâce 1634,
» de notre règne la vingt-quatrième année,

» *Signé* LOUIS.

» *Contre-signé* PHELIPPEAUX. »

Louis XIV, en 1664, confirma, par une nouvelle ordonnance, les priviléges accordés par son
père. Fort de cette pièce, qui confirmait les priviléges de son château, Isaac Habert s'appliqua
tout entier à l'embellissement de cette maison,
qui lui était chère à tant de titres : c'était le lieu
de la naissance de son père et la sienne ; c'était
une terre acquise par son aïeul, une terre de famille. On peut dès-lors comprendre le sacrifice
qu'il fit, lorsque la nécessité d'aller gouverner
par lui-même le lointain diocèse confié à ses
soins, le détermina à vendre cette propriété.
Avant son départ pour Vabres, il la céda moyennant 31,000 livres, le 15 décembre 1663, à
MM. Chauvin, baron de Beauvais, et Lebouteux,
seigneur de Carrières, commissaires du roi à la
marine. Le château, les cours, basse-cour, clos,
jardins et ferme, c'est-à-dire à peu près tout le

côté droit actuel des Ternes, renfermait quatre-
vingt-trois arpents : le marché ne serait pas mauvais aujourd'hui. Les nouveaux acquéreurs pos-
sédèrent en commun jusqu'en 1680. M. Chauvin
étant mort, ses héritiers réclamèrent le partage,
et la seigneurie fut démembrée : une portion
passa dans les mains d'un certain M. Bombarde,
trésorier de l'électeur de Bavière, archi-chance-
lier de l'empire ; celui-ci fit d'assez grandes dépenses dans son château, et mena un grand train ;
mais il fut éclipsé par Mirey de Pompone, auquel
il avait cédé ses droits sur les Ternes, le 31 mai
1715, droits qui devinrent complets par l'acquisition qu'il fit des héritiers Chauvin, de l'autre
partie du domaine : les Ternes furent en ce moment réunis dans la même main, comme sous les
Habert.

Mirey de Pomponne était trésorier-secrétaire
de l'administration des finances du royaume ;
c'était un homme agréable, instruit, souple, dé-
lié, tout entier à ses affaires ou à ses plaisirs ;
assez habile financier, il joua sous la régence et
le ministère du cardinal Fleury, un certain rôle
politique : plusieurs Mémoires du temps parlent
de son influence et de son crédit. Quelle que fut
du reste sa vie publique, sa position dans le
monde l'obligeait à tenir un grand état de maison ; ses fêtes, aux Ternes, eurent du retentisse-
ment. Pour favoriser ses goûts, il fit rebâtir le
château à peu près tel qu'il existe ; supprimer les
pont-levis, les fossés pleins d'eau, dessiner de

gracieux et élégants jardins. Un écrivain de cette époque nous en a laissé la description suivante :

« Le château des Ternes, situé au Roule, pré-
» sente, au-dessus d'un massif de vieux arbres
» et de peupliers élancés, ses toits en ardoises et
» les girouettes de ses pignons : l'aspect en est
» agréable et majestueux; on y arrive par une
» belle cour qui est accompagnée par une autre
» plus petite de chaque côté, pour les offices et
» les basses-cours. L'intérieur du château est
» distribué et décoré avec goût; on y trouve de
» belles grandes salles où l'on peut respirer et se
» mouvoir; mais ce qui surpasse en beauté la
» maison, c'est le jardin; il est vaste, et dessiné
» de façon à s'agrandir encore de toute la cam-
» pagne; il ne manque pas d'ifs bizarrement
» taillés, ni de fantasques figures tracées en buis
» sur le sable; ici des losanges, là des étoiles,
» plus loin des ronds, des carrés, le tout formant
» des corbeilles où s'épanouissent les plus belles
» fleurs. Près du château, à droite, est un bos-
» quet élégant, orné d'un bassin et de quatre
» petites corbeilles de fleurs; ensuite on ren-
» contre un bois dont les principales entrées sont
» taillées en arcades; près du bosquet on dé-
» couvre une pièce d'eau, qui, quoique renfon-
» cée, n'en est pas moins agréable par les talus
» de gazon qui en soutiennent la pente; elle est
» surmontée d'un beau portique servant d'entrée
» à une salle entourée de treillage et de figures.
» Au-dessus de ces bosquets est un clos de dix ou

» douze arpents… ; sur la gauche du parterre est
» le potager distribué en patte d'oie : il a douze
» arpents d'étendue. »

Nous omettons la suite de cette description
trop minutieuse pour n'être pas un peu confuse.
On le voit, le bassin qui renferme les eaux sulfureuses n'est pas omis : l'auteur en parle sans mentionner cependant cette particularité si importante de leur chaleur, de leur *thermalité*. Il est
inutile d'ajouter qu'il écrit *Ternes*.

Peu de temps avant la mort de M. Mirey de
Pomponne, les Ternes devinrent le sujet d'un
procès retentissant entre les Moines de l'abbaye
de Saint-Denis et les Seigneurs de Clichy. C'est
en partie à ce démêlé que nous devons les documents (1) qui nous ont servi pour notre notice.

Grimod de la Reynière, seigneur de Clichy et
de Courcelles, prétendait être seigneur dominant
et principal du fief des Ternes : l'abbaye de Saint-
Denis réclamait contre ces prétentions sans
fondement. On allégua de part et d'autre des
titres, on rédigea des mémoires étendus.

Le seigneur de Clichy prouvait : « que sa sei-
» gneurie, par acte authentique, passé pardevant
» le tabellion de Monceaux, avait été limitée par
» des bornes en pierre, que ces bornes plantées
» de terre en terre, de champs en vignes passaient

---

(1) Archiv. nation. (Section dom.). — Terriers de Clichy, de
Villiers (années 1710-1750), etc., etc.

4

» devant la porte des Ternes, qu'elles fendaient
» le logis des Ternes, en laissant le côté gauche sur
» Villiers, et le côté droit au-dedans de Clichy,
» et qu'ainsi on parvenait à une autre borne
» qui est près du chemin qui conduit de Saint-
» Denis au bois de Boulogne (Route de la
Révolte). »

A l'appui de ces pièces matérielles, il produisit
les quittances des propriétaires des Ternes, depuis l'année 1571, portant déclaration et reconnaissance des droits des seigneurs de Clichy. Les
Moines de Saint-Denis, pour débouter leur ad-
versaire, remontèrent plus haut, et ils prouvèrent
que depuis plus de trois cents ans, le fief et le
clos des Ternes avaient été soumis à leur justice
et la redevance accoutumée fidèlement acquittée :
les pièces ne leur firent point défaut. Quant aux
bornes, ils niaient leur légitimité, et récusaient
ce genre de preuves; car, disaient-ils, une pierre
peut facilement être transportée. Avec un pareil
système, un procès était inévitable. Il fut porté
devant les tribunaux du Chatelet, un jugement
fut rendu, on en appela, et le procès menaçait
de se prolonger indéfiniment, lorsque les deux
parties sentirent le besoin de se rapprocher. Les
Moines de Saint-Denis, désirant donner *l'exemple
de la concorde et de la charité comme bons religieux*, offrirent des concessions qui furent ac-
ceptées. On prit pour limites des deux seigneuries
une ligne droite assez bien représentée par la rue
actuelle de la *Chaumière* dans toute son étendue,

et on planta des bornes portant du côté de Clichy les lettres CC, et du côté des Ternes les lettres SD, de l'abbaye de Saint-Denis. Enfin, moyennant une somme d'argent, le seigneur de Clichy renonça à tous les droits qu'il pouvait avoir sur la portion du territoire en litige. Le même débat s'est renouvelé en ces derniers temps, au sujet de la ligne de démarcation entre les Ternes et les Batignolles : par les soins de M. Brey, adjoint, la limite des deux Communes a été reculée jusqu'à la rue de Courcelles.

M. Mirey était resté neutre dans la querelle : néanmoins il fut heureux d'en apprendre le dénouement. Cette issue le tirait d'une position embarrassante et fâcheuse, exposé qu'il était aux obsessions des deux parties, qui auraient voulu le voir se déclarer chacune en leur faveur.

M. Mirey étant mort en 1740, sa veuve, dont la dot avait servi à l'acquisition des Ternes, eut droit à la moitié du domaine, et ses deux filles mariées, l'une à M. de Gaillardbois, et l'autre à M. Camus Destouches, se partagèrent le reste. Cette division était trop contraire aux véritables intérêts de la propriété pour subsister longtemps. Par un accord commun, les Ternes furent vendus cette même année, 1740, à M. Réné Masse de Pierre-Ronde ; en 1756, à M. Véron de Boisnouvel ; en 1759, à M. de Lalive ; en 1768, au marquis de Galiffet, prince de Martigues. Après avoir si souvent changé de maître, les Ternes reprirent, sous ce dernier, une nouvelle ère de

splendeur. Ce marquis de Galiffet est connu par
son faste et sa splendide prodigalité. Il posséda
peu de temps son château des Ternes, qui tomba
dans les mains d'un M. Lenoir. La révolution
arrivait à grands pas : en 93, le seigneur des Ternes
eut peur en entendant autour de lui ces cris re-
doutables *ni châteaux, ni chaumières ;* il se résolut d'appliquer, autant qu'il le pouvait, le niveau
salutaire de l'égalité à sa seigneuriale demeure. Ce
fut alors que fut construite la muraille qui sépara
en deux parties les magnifiques dépendances du
château : un chemin fut aussi percé à travers la
principale arcarde du château lui-même ; de là,
*la rue de l'Arcade.* A la faveur de cette mutila-
tion, la bande noire ne vint pas frapper et ren-
verser ce manoir. Enfin, après tant de mutations et de changements, le général Dupont acheta
cette propriété, qui, bien que dépouillée de ses
accessoires, privée d'unité, morcelée dans son ensemble, ne laisse pas que d'être une terre magnifique. Ce sont les héritiers du général qui la
possèdent encore aujourd'hui.

Nous avons rapporté d'un trait tout ce qui
concerne le château des Ternes, centre et berceau
de notre ville, afin de ne point jeter de confusion
dans notre travail. Nous dirons maintenant quelle
a été la destinée des lieux voisins de ce château,
lieux qui, par leur adjonction, ont formé la paroisse des Ternes. Du reste les évènements qui
s'y sont passés, n'offrent pas un haut intérêt ;
nous exposerons simplement les changements qui

se sont opérés sur la surface de ces terrains encore couverts de bois et de jardins, il y a un siècle,
et maintenant convertis en rues et places publiques.

# CHAPITRE TROISIÈME.

*Les Ternes, depuis le XVIII<sup>e</sup> siècle,*
*jusqu'à nos jours.*

En observant l'agrandissement progressif de
la ville de Paris, on peut remarquer que la construction du Louvre, et surtout des Tuileries, a
puissamment contribué au succès du quartier et
faubourg Saint-Honoré. Sous Louis XIV, des
hôtels splendides s'y construisirent, des rues y
furent percées, où la noblesse, délaissant le faubourg Saint-Germain, vint chercher refuge. Nul
doute que l'accroissement de ce quartier n'eut
été beaucoup plus rapide, si la cour n'avait été
transférée à Versailles. On connaît l'histoire de
cette ville, rendez-vous de chasse, si subitement
transformé en cité élégante et magnifique. Chaque
famille, en ce temps là, se rapprochait le plus
près possible du trône. Le faubourg Saint-Honoré, malgré les conditions heureuses de sa situation, resta désert, pendant que Versailles regor-
geait d'hôtels et d'habitants. Cependant lorsque
les marais de Saint-Honoré, qui occupaient l'em-

placement de la place appelée de Louis XV, maintenant de la Concorde, furent déséchés, lorsque
les promenades des Champs-Élysées furent tracées
et plantées dans toute leur étendue, les constructions de la place Vendôme s'élevèrent, et peu à
peu de nouvelles maisons élégantes se bâtirent
dans le terrain de la Ville-l'Évêque. Sur ces en-
trefaites, la Révolution ayant renversé, au profit de Paris jaloux, la demeure royale de Versailles,
le souverain revint dans l'antique Capitale, et ne
cessa plus d'habiter les Tuileries. Ce séjour permanent des autorités souveraines, fut la source
de la prospérité de ce quartier. Sous l'Empire
sous la Restauration, et depuis 1830, une activité
infatigable a présidé aux améliorations de toute
espèce, qui ont changé de face le faubourg Saint-
Honoré. Le Roule participa au même mouvement,
et le contre-coup s'en fit ressentir aux Ternes,
comme il était facile de le prévoir. C'est une
remarque qu'on a faite avec beaucoup de justesse,
le sort des villes ou bourgs accolés immédiatement
aux barrières de Paris est intimement lié à celui
des faubourgs voisins; ils réagissent les uns sur les
autres, et par la connaissance de tel ou tel quartier contigu à la barrière, on peut, à coup sûr, se
rendre compte des mœurs, de la prospérité, et de
l'état des populations qui vivent en-deçà de la
ligne de l'octroi.

Quoi qu'il en soit, une fois que le quartier du
Roule fut devenu l'objet de la spéculation, les
Ternes entrèrent également dans cette voie de

prospérité et d'agrandissement qu'ils ont si rapidement parcourue.

On peut juger des progrès accomplis, en consultant les cartes anciennes. En 1674, les Ternes, suivant la carte de l'Académie, n'offraient que cinq maisons, dont trois formaient ce qu'on nommait le château (1) ; la grande route de Saint-Germain traversait une campagne nue, sans arbres, cultivée par les gens de Chaillot, de Villiers, de Monceaux et du Roule ; le quartier appelé *Butte de l'Étoile,* autrefois rendez-vous de chasse, carrefour dans le Bois de Boulogne, avait été planté, par ordre de Colbert, sur les dessins du fameux Lenôtre, qui avait également dessiné les allées des Champs-Élysées. Huit avenues, dans le plan primitif, qui ne fut pas entièrement exécuté, devaient aboutir à la place de l'Étoile, occupée aujourd'hui par l'Arc-de-Triomphe : quatre descendaient du côté de Paris, et quatre autres du côté des Ternes ; ces allées, en se réunissant, formaient, au point d'intersection, un rond-point magnifique, qui rappelle les places et avenues de Versailles. Il est bien regrettable qu'on ait, en partie, supprimé le travail de Lenôtre à la barrière de l'Étoile ; c'eût été la merveille de Paris ; il ne reste plus que trois avenues : celle des

---

(1) Ces maisons qui n'existent plus, sont occupées aujourd'hui par celles de MM. Lemaître, Avenant, Bierry. Cette dernière a un petit parc charmant et de magnifiques espaliers. Le manoir de M. D'Armaillé a été détruit ; sur son emplacement, des rues ont été tracées et l'église construite.

Champs Élysées, celle de Neuilly, qui en est la suite, et l'allée latérale, dite boulevard de Bezons ou de l'Étoile.

Roussel, dans sa belle carte des Environs de Paris (1731), nous offre des détails plus curieux encore : la grande Avenue, la rue des Dames, la rue de Villiers et une foule de petits sentiers dans la plaine en culture, tel était l'état général que présentaient les Ternes ; le château faisait, avec ses dépendances, toute l'importance de la contrée ; ce n'est pas que les terres ne fussent bien cultivées, et partant d'un prix assez élevé : ce qui l'explique, c'est le nombre croissant des laboureurs, maraîchers, jardiniers, qui s'attachaient au sol. Le registre de la paroisse (1) de Villiers établit qu'en 1610, tout le territoire des Ternes était possédé par seize propriétaires, dont il donne les noms, en même temps qu'il décrit la contenance de chaque parcelle. En 1730, nous retrouvons quarante-deux propriétaires; la terre avait été bien morcelée, puisque le nombre des tenanciers avait presque triplé : les maisons, à la même époque, étaient bien peu nombreuses; on en comptait, y compris le château, *dix* environ, échelonnées le long de la route. C'est dans ce temps que M. Masse, seigneur des Ternes, aliéna la partie de son parc qui touchait à la grande plaine de Sablons et céda cette portion de terre à M. d'Igoville (2).

---

(1) Registr., *Terrier de la Paroisse de Saint-Martin, de Villiers*, 1610. Archiv. nation.

(2) Archiv. nation., 2217, Sect. dom.

Cette portion du parc contenait un pavillon ou tourelle anciennement célèbre dans la contrée, et bâti presque à la même époque que le château, pendant la guere des Anglais ; cette tourelle appelée *des Sablons,* construite au pied de la route, qu'elle commandait, avait une haute valeur stratégique ; Henri III, faisant le siége de Paris, y logea son état-major avant de le transporter à Saint-Cloud, où il fut si misérablement assassiné (*Journal de l'Etoile*).

Habert démolit les créneaux de cette tourelle, n'en laissa subsister que le premier étage ; un vaste balcon en fer permettait à l'œil de jouir de l'admirable panorama que présente en ce lieu la vallée délicieuse de la Seine : c'est sur ce balcon que, d'après une tradition ancienne, la famille royale assistait chaque année au défilé de la revue de la maison militaire du Roi.

M. d'Igoville fit alors bâtir dans cet emplacement une belle maison, d'un style original, avec cour, jardins et dépendances ; cette propriété, que les terriers nomment depuis ce moment *le Château des Sablons,* fut séparée du château ancien par une rue neuve, qui conduisait directement à Villiers (rue de Villiers) : M. d'Igoville la vendit à M. de Monregard, qui la céda le 28 juin 1773 à M. le duc de Montmorency-Luxembourg ; cette propriété appartint ensuite à M. Walpole, parent du fameux ministre anglais. M. de Contamine, maréchal-de-camp, inspecteur-général d'infanterie, possède ce second château des Ter-

nes qui se trouve à l'extrémité du pays ; adossé
aux fortifications, il présente un effet pittoresque
par son architecture massive, ses toits en terrasse
et sa grosse tourelle. Les Ternes eurent alors deux
châteaux dans leur enceinte, et cette circonstance
ajouta un peu à la prospérité du humeau nais-
sant. En 1755, il y avait en tout dix-huit maisons,
chaumières ou cabanes ; il est probable, cependant, qu'il eût fallu encore bien des siècles pour
amener dans ce pays l'agrandissement dont nous
avons été les témoins, si dans ce temps les barrières de Paris n'eussent été reculées dans la campagne. Le mur d'enceinte actuel fut alors construit, et la barrière du Roule, située un peu plus
bas que l'hospice Beaujon, près de la rue de Monceaux, fut portée à l'allée de Bezons : celle de
Chaillot fut établie au pied de la butte de l'Étoile,
et pour cela nommée, assez indifféremment, barrière de l'Étoile ou de Neuilly.

Il était dès lors facile de prévoir qu'à l'entrée
de ces barrières, de nouvelles maisons allaient
être construites pour offrir à la population les
objets de consommation exempts des droits d'octroi, surtout le vin, les liqueurs, etc., etc. Cha-
teaubriand remarque, dans ses *Mémoires* (1),
qu'à son retour de l'exil, faisant un séjour d'une
semaine aux Ternes, ses yeux furent frappés
du spectacle de ces échoppes ou guinguettes de
l'Étoile, dans lesquelles se réfugiait la popula-

(1) *Mémoires d'outre-tombe*, Revue des Deux-Mondes, 1er septembre 1848.

tion ouvrière des faubourgs du Roule et de Chaillot. A ce momet, l'aspect des ces barrières était triste, et il a inspiré au grand écrivain des réflexions désolantes sur les habitudes morales des dernières classes de la société. De grands ateliers (1) avaient été ouverts aux Ternes, près la rue des Dames ; c'était une manufacture de fers préparés pour les mettre à l'abri de la rouille. Les ingénieurs qui avaient créé cette entreprise avaient obtenu un privilége du roi ; leurs produits devaient être employés dans la marine royale ; les évènements n'étaient guère propices à la réussite de leurs projets ; les ateliers furent transportés peu de temps après à la Villette ; je ne sais si ce lieu leur fut plus favorable. Quoi qu'il en soit, les constructions nécessitées par l'érection de ces ateliers furent changées en maisons, qui formèrent un petit noyau d'habitations dans cette partie de la route.

Sous l'empire, durant nos grandes guerres, les Ternes se transformèrent lentement, peu à peu ; ce n'était déjà plus une plaine consacrée à la culture ; de jolies maisons, d'élégants pavillons se laissaient apercevoir de distance en distance dans ce lieu, où la salubrité de l'air, les beautés du site, l'agrément de la solitude et le voisinage de la Capitale se réunissaient pour attirer et fixer le choix des Parisiens (2).

---

(1) Dictionn., Hist. et Statistiq. de Paris, par Hurtaut, tom. 4.

(2) Par leur position topographique, à mi-côte de la colline du

En 1826, le progrès était remarquable; les Ternes gagnaient en étendue, en population; une cause nouvelle vint accélérer l'agrandissement du hameau, et le métamorphoser en une ville agréable. Un usage, qu'on qualifie, à tort ou à raison, d'importation anglaise, s'introduisit dans les mœurs de la classe nombreuse des employés : l'usage du double domicile. Le commerçant, le débitant eurent le lieu de leur vente, de leur débit à la ville, l'employé son bureau, et tous leur maisonnette, leur habitation fixe, le séjour permanent de leur famille à la campagne. C'était double avantage et double profit. La distance, le seul obstacle qui aurait pu s'opposer à ce dessein, tournait encore en sa faveur ; le trajet nécessité le matin et le soir par l'aller et le retour, devint un exercice salutaire pour la santé de celui qui, tout le long du jour, est retenu dans les étroites limites d'un cabinet, d'une boutique peu spacieuse et privée d'air. Toutes ces raisons expliquent et justifient le succès et la vogue qui se sont, malgré d'anciens préjugés, attachés aux commu-

---

Roule, abrités contre les funestes vents de l'ouest par le bois de Boulogne, les Ternes sont peut-être le lieu le plus sain des environs de Paris. La température n'y offre pas ces brusques variations qu'on éprouve sur les hauteurs, ni ces malignes vapeurs qui rendent si dangereux le séjour des vallées. Plusieurs de nos célébrités médicales y envoient avec succès leurs malades, et en effet, les tables de mortalité, assez bons juges à consulter sur cette matière, rendent le meilleur témoignage au climat des Ternes. En 1848, on y a compté 164 décès sur près de 9,000 habitants. Les naissances, en revanche, ont été de 278.

nes les plus rapprochées de la banlieue ; elles ont vu, dans un court intervalle, doubler, tripler le nombre de leurs maisons et de leurs habitants ; ainsi Belleville, la Villette, la Chapelle, Montmartre. Ce sont de véritables colonies d'employés, de fonctionnaires, dont les commerçants et les gens d'affaires commencent à suivre l'exemple. Les Batignolles, entre autres, n'ont dû leur prodigieux accroissement qu'à leur voisinage des boulevards et du centre de Paris.

Les Ternes, un peu plus éloignés, rachetaient ce léger inconvénient par leur position heureuse, à l'extrémité des Champs-Élysées, en face du Bois de Boulogne, dans un terrain dont la pente est si douce, qu'on la désigne sous le nom de *plaine*. Aussi les constructions ne tardèrent-elles pas de s'élever dans leur enceinte. La grande Avenue, les rues des Acacias, des Dames, se garnirent de belles maisons ; des propriétés entières furent morcelées et livrées au génie et à l'activité des entrepreneurs : ainsi le quartier Lombard fut bâti pour abriter la population qui travaille à l'important gazomètre situé à l'extrémité du pays. Le quartier de l'Étoile fut commencé ; malheureusement, les travaux en furent depuis ralentis et suspendus ; nous parlons plus bas de chaque rue et place ; nous remettons pour les détails à cet endroit.

En 1847, une société se forma sous le nom de Société d'Épargne immobilière, ayant pour objet la fondation d'un quartier nouveau, appelé

Ferdinanville, près l'église, sur cent mille mètres
de terrains sis entre les deux avenues ; cette société
n'a pas obtenu le succès désirable : la cherté des
grains, les crises commerciales et politiques, et
diverses autres raisons tirées des circonstances de
vente, d'achat de terrain, sont entrées pour beaucoup dans l'ajournement momentané du but pro-
jeté. Tôt ou tard ce quartier s'élevera, on peut le
prédire avec certitude, car c'est, sans contredit,
le plus bel emplacement de la banlieue ; alors
notre ville sera complètement édifiée, et elle
n'aura rien à envier aux communes voisines les
plus florissantes.

Nous touchons maintenant à l'ère contempo-
raine ; notre tâche est terminée ; notre dessein était
de parcourir les diverses phases de l'histoire des
Ternes ; notre Notice, en se prolongeant, devien-
drait une statistique, peut-être monotone et fas-
tidieuse ; nous nous arrêterons donc, renvoyant
au *Dictionnaire du Commerce,* de Firmin Didot,
au volumineux *Almanach du Commerce* de Bottin,
pour tous les détails qui se rapportent au commerce, à l'industrie de la ville des Ternes.

Cependant, ce serait laisser une grave lacune
dans notre travail, que de le clore brusquement,
sans mot dire sur l'état actuel de notre ville, sur
ses monuments, ses institutions, son avenir.

Avant d'entrer dans le chapitre suivant qui
présentera le tableau alphabétique des rues,
places publiques, etc., nous résumerons l'histoire
de la fondation de l'Église, des écoles, etc.

Quand il s'agit, en 1676, d'ériger la chapelle du
Roule en paroisse, on comptait à peine dans ce
lieu quatre-vingts ménages, et ce petit nombre
d'habitants parut plus que suffisant pour autoriser l'érection en église paroissiale. Un siècle et
demi plus tard, les Ternes avaient déjà plus de
quatre mille habitants, et ils n'avaient ni chapelle ni église ; cet état de choses, si gênant et si
incommode, ne pouvait durer ; quelques personnes zélées firent, à plusieurs reprises, des efforts
pour obtenir la construction d'un temple ; mais
des circonstances imprévues mirent des obstacles
regrettables à leur pieux projet. En attendant, on
avait ouvert dans l'enclos des Ternes une petite
salle servant de chapelle, où des messes basses se
célébraient le dimanche.

Les intérêts religieux d'un pays sont les premiers et les plus importants ; c'est le devoir d'une
sage administration de s'en préoccuper et de les
satisfaire dans une juste mesure. Les administrateurs de la commune, pénétrés de ces principes,
résolurent enfin de mettre à exécution les plans
proposés pour la construction d'une église aux
Ternes ; ils méritent notre reconnaissance. Le conseil municicipal vota les fonds demandés ; mais,
au moment de commencer les travaux sur le plan
fourni par un habile architecte, des difficultés
nouvelles vinrent suspendre l'œuvre résolue. Enfin, l'architecte de l'arrondissement de Saint-Denis, dans la circonscription duquel se trouvent
les Ternes, fut appelé ; il proposa un projet qui

fut immédiatement, et trop vivement peut-être, adopté ; un terrain, assez central d'ailleurs, fut choisi sur les propriétés de MM. D'Armaillé, qui le cédèrent à des conditions avantageuses, pour recevoir les bâtiments de l'église et des écoles. En moins de deux années, une petite église fut bâtie et terminée sur les dessins de M. Lequeux.

Disons un mot de ce monument ; et ici il nous sera permis d'exposer notre sentiment, avec d'autant plus de liberté, que M. Lequeux, qui a entrepris d'ériger cette église, ne partage pas nos croyances. Si cette considération doit ajouter à notre franchise, elle assurera du moins notre impartialité. D'abord, tout en laissant de côté cette circonstance assez étrange d'un architecte protestant bâtissant des temples catholiques dans un pays catholique, et cela, non une fois, mais souvent, et par nécessité régulière de l'administration, hier à la Villette, aujourd'hui aux Ternes, demain à Clignancourt peut-être, nous exprimerons un vœu qui paraîtra bien naturel, ce serait de demander à l'autorité religieuse, sur les plans d'églises, quels qu'en soient les auteurs, ses conseils et ses avis.

Pour revenir à notre sujet, disons de suite que le principal défaut de l'Église des Ternes consiste dans l'extrême petitesse de son vaisseau. Ce temple, destiné aux besoins d'une ville de huit mille cinq cents âmes, ne peut contenir, au plus, que mille personnes. Lorsqu'on pense que dans quelques années, cette population sera probablement

doublée, on regrette profondément que l'architecte n'ait point prévu cette accroissement pro-
chain, dans les proportions qu'il a données à
l'édifice. Peut-être s'est-il trop défié des instincts
religieux d'un pays depuis si longtemps destitué
des secours que procure le voisinage d'un temple ;
du moins les habitants ont-ils fait leur devoir, en
réclamant, d'une voix unanime, contre les dimensions infiniment trop restreintes de leur Église
commencée, en offrant même de contribuer
volontairement aux frais qu'occasionnerait la direction des travaux sur une échelle plus grande.

Ce défaut, ce vice originel, irrémédiable peut-
être, a entaché tout le monument, et lui a laissé
un caractère vague indéterminé, indécis, flottant :
ce n'est pas une église, ce n'est pas une chapelle ;
car une église a un chœur, et une chapelle n'a point
de bas-côtés. L'Église des Ternes, en effet, se com-
pose d'une nef terminée, à son extrémité, par un
hémicycle, qui sert de chœur : à cette nef, revêtue
d'un plafond en bois peint, soutenue par six
piliers, sont accolés deux bas-côtés étroits, en
forme de couloirs, terminés également par deux petits hémicycles en guise de chapelles. La tour, qui
renferme les cloches et l'horloge, se dresse au-
dessus d'un vestibule, donnant issue sur la place :
la façade porte pour inscription, gravée sur la
pierre blanche : D. O. M sub invocatione Sancti-
Ferdinandi.

Tel est le plan général de l'édifice : plaçons-y
maintenant des autels dans les renfoncements,

formés aux extrémités de la nef et des bas-côtés: éle-
vons une chaire, un banc de l'œuvre entre les piliers
du milieu ; au fond, dans les angles opposés aux hémicycles, mettons d'un côté les fonts baptismaux,
de l'autre un confessionnal ; au-dessus du vestibule, ou de la galerie servant de porte, établissons
une petite tribune pour un buffet d'orgues, et
nous aurons une idée exacte et complète du monument.

L'ensemble des décorations de l'intérieur, plaît
assez au premier coup d'œil, à cause de la fraîcheur et de la nouveauté des peintures ; les inscriptions, les médaillons, qui ornent les parois
supérieures de la nef, frappent par leur régularité
et leur symétrie ; mais un examen plus approfondi,
fait rejeter, comme étant d'un goût équivoque,
certaines alliances de couleurs, certains rapproche-
ments, certaines lignes hasardées, qui se répètent
trop fréquemment. L'obscurité du monument,
assombri outre-mesure, par un système fâcheux
d'éclairage, contribue sans doute à augmenter cet
effet ; le jour mystique si propice au recueil-
lement et à la prière, est exagéré. Des fenêtres
insuffisantes par le nombre et la grandeur, s'é-
chappe à travers les vitraux épais une lumière dou-
teuse et incertaine, qui ne permet pas facilement à
l'œil de saisir et de goûter l'harmonie générale
de l'ornementation (1).

--------------------------------------------------

(1) Ce défaut dans le percement des fenêtres, nuit beaucoup à
l'indispensable ventilation de l'édifice nouveau, qui, situé au

Avec un plan aussi simple, il était difficile d'errer dans les détails : cependant, sans parler de quelques manquements peu graves, tels que les dimensions gigantesques de la chaire à prêcher, etc., il nous sera permis de signaler encore un grave défaut, dans l'ordonnance du temple et de ses diverses parties. Il est une portion de l'église, qu'on est trop accoutumé de regarder comme un pur accessoire, d'invention récente, qu'on est libre à son gré de diminuer ou de retrancher, je veux parler de la sacristie, qui, autrefois, suivant un grave auteur (1), était un bâtiment considérable joignant à l'église. Là, étaient le trésor des vases sacrés, le dépôt des livres, habits sacerdotaux, etc. ; là, se trouvaient plusieurs salles, dans lesquelles le clergé se préparait aux offices divins, au sacrifice, entendait les confessions des personnes infirmes, et célébrait quelques mariages. etc., enregistrait les actes religieux, baptêmes, etc., etc. On le voit, la destination de ce bâtiment, qui a peu changé depuis, est importante. C'est un appendice nécessaire, indispensable de toute église. Parlerons-nous maintenant de la

nord, n'est pas assez aéré. Le froid, l'humidité, agissent avec empire sur tous les objets renfermés dans l'intérieur, les peintures, les tableaux, ressentent les fâcheux effets de cette exposition septentrionale ; les couleurs s'altèrent, les lignes s'effacent, la hideuse moisissure apparaît partout. Un calorifère devient nécessaire pour la conservation du monument. L'archictecte eut dû peut-être le prévoir.

(1) Fleury, *Mœurs des Israélites*, xxxvi.

sacristie des Ternes, ou plutôt de la salle unique qui sert de sacristie, et à laquelle on ne peut arriver, prêtres et fidèles, qu'après avoir traversé le sanctuaire, le lieu saint, où la victime s'immole, où le sacrifice se consomme, l'endroit sacré par excellence, inviolable, inaccessible, l'atrium infranchissable? Cette jonction malheureuse de deux parties de l'église, essentiellement distinctes, et toujours séparées l'une de l'autre, constitue à nos yeux une grave violation des règles disciplinaires et architecturales, qui doivent présider à la distribution intérieure d'une Église.

Encore si l'espace libre qu'on a coutume de ménager autour d'une église nouvelle, avait été conservé, il resterait un moyen facile de réparer cet oubli. Mais non, et c'est là un défaut de prévision qu'on regrettera bien amèrement plus tard (1). Les écoles communales, comme une ceinture étroite, ont été disposées de telle façon autour de l'Église, qu'un jour, pour l'agrandissement du temple, il faudra jeter par terre ces constructions dispendieuses, pour les relever plus loin, immédiatement, avec le double préjudice apporté aux intérêts publics et particuliers.

L'Église nouvelle s'élevait non loin du lieu fatal, où le jeune et malheureux duc d'Orléans

---

(1) Pour agrandir l'Église, on ne pourrait convenablement le faire qu'en conduisant les bas-côtés autour de l'édifice. Au sommet de l'Édifice, on construirait une chapelle pour les catéchismes, et l'Église des Ternes, ainsi augmentée, présenterait la même distribution que celle de Saint-Philippe, du Roule.

termina, d'une manière si tragique et si imprévue, sa carrière : on eut la pieuse pensée de mettre ce temple sous la protection de Saint-Ferdinand, patron du prince. Louis-Philipe, consulté à cet égard, approuva ce dessein, et remercia celui qui avait le premier conçu ce touchant rapprochement. L'Archevêque de Paris, Monseigneur Affre, que le martyre a depuis couronné, bénit l'Église dédiée à Dieu, sous le vocable des Saints Ferdinand et Joseph, y installa un Curé (1) et un Vicaire (2), au milieu d'un grand concours de fidèles, le 25 mars 1847 (3).

Après l'Église, maison de Dieu, nous pouvons parler des Écoles, qui sont aussi une source puissante et féconde d'instruction et de moralité. La Commune de Neuilly a largement et noblement pourvu à ce qu'on attendait d'elle ; pour ce qui regarde les Ternes, elle a épuisé ses ressources.

---

(1) M. de Gonet (Hyacinthe-Casimir), né au Pont-St-Esprit (Gard), successivement vicaire de Saint-Gervais, premier aumônier de l'hôpital Saint Louis, curé d'Ivry-sur-Seine.

(2) M. Bellanger (Alexandre-Germain-Constant).

(3) Le zèle des paroissiens ne laissa pas le nouveau temple sans ornements. M. Vuillaume offrit une *Sainte Cécile*, tableau assez bien peint. — Mademoiselle Laure Vieux, apporta les prémices de son jeune talent, une *Sainte Amélie*, remarquable par sa pose et sa dignité. — Plus tard, M. Sénard, ministre de l'Intérieur donna une toile de Madame Dallemagne, représentant l'Assomption de la Sainte Vierge. Entr'autres dons, nous mentionnerons encore un superbe tapis offert par la générosité de Mme. de Vigier : ce tapis présente une valeur d'autant plus grande, que sa longue bordure a été brodée entièrement par les mains laborieuses de la pieuse donatrice.

Au moment de l'ouverture de l'Église, dans les terrains circonvoisins, se sont élevés, presque par enchantement, trois édifices nouveaux pour les écoles des Garçons, des Filles, et une salle d'Asile. Ces constructions nouvelles, quoique défectueuses sous plus d'un rapport, prouvent jusqu'à l'évidence, le bon vouloir et le zèle des administrateurs de la Commune : mais ici, comme pour l'Église, nous regretterons la même imprévoyance de la part de celui qui a présidé aux travaux ; nous regretterons la disposition extérieure, la distribution intérieure de ces bâtiments, auxquels, tôt ou tard, il faudra, non sans de nouveaux frais, retoucher pour y opérer de nombreuses et importantes modifications. Les Frères des écoles chrétiennes, au nombre de trois, donnent leurs soins aux garçons (ils ont trois cent-vingts élèves), avec le zèle et le dévouement qui les distinguent partout. Une habile institutrice laïque est chargée de l'école des filles (elle compte deux cent-vingts enfants), et c'est une tàche dificile dont elle s'acquitte avec un succès toujours croissant. Enfin reste la salle d'Asile, ingénieuse et touchante création de la charité. Tous les jours deux cents enfants sont réunis, filles et garçons, dès l'âge le plus tendre (deux ans jusqu'à six ans), et formés, par les soins les plus patients, aux connaissances élémentaires qu'ils développeront plus tard. Il faut avoir vu tout le zèle maternel, toute la tendresse inaltérable des maîtresses, aux prises avec l'intelligence naissante, l'ardeur précoce de ces petits êtres, dont la raison commence à peine à poindre, pour comprendre les étonnants résultats auxquels arrive cette éducation première, qui s'adresse autant aux yeux qu'à l'esprit, à travers les distractions et les divertissements nécessaires pour fixer la mobilité du jeune âge. La charité, toujours active, ne se borne pas à ces jeunes enfants, elle va chercher ces petites créatures qui sont au berceau, elle leur tient lieu de mère, elle les rassemble sous ses ailes, et leur distribue ces soins, que rien ne peut remplacer. Nous avons indiqué les crèches : les Ternes possèdent, depuis quelques temps, un établissement de ce genre, qui, quoique créé sur des bases assez restreintes, est néanmoins tenu sur le même pied, et peut rivaliser avec les crèches de Paris. Des Dames, connues par leur dévouement et leur sollicitude éclairée pour les véritables intérêts du pauvre, se sont réunies par la même pensée; elles ont formé une charitable société, qui a fondé et établi la Crèche Sainte-Adélaïde (1). Au moyen des res-

---

(1) La Crèche Sainte Adélaïde a été fondée et ouverte le 1er octobre 1846, par les soins de Mesdames Alexis Dupond, Guersant, Charlot, Brey, Mauge, Forestier et Deschaumes. Des souscriptions volontaires, des dons particuliers, ont depuis, soutenu et entretenu la Crèche, sous le patronage des dames fondatrices. Les difficultés sans nombre que rencontre dans son application journalière et pratique cette institution pourtant si éminemment utile et chrétienne, ont empêché le zèle prudent des dames patronesses d'établir leur œuvre sur une trop grande échelle. Il ne suffit pas de faire le bien, il faut encore le bien faire. Les bases sur lesquelles a été fondée la Crèche Sainte Adélaïde, ont donc été sagement calculées. Quinze lits ont d'abord été placés (avec un écriteau qui

sources volontaires, inépuisables, que leur pieuse
industrie sait se ménager, elles gouvernent, en-
tretiennent et régissent cette petite crèche, précieuse ressource pour les mères de famille.

Aux établissements publics et communaux d'é-
ducation qui sont gratuits, il faut joindre les établissements particuliers. Les Ternes comptent
quatre pensions de garçons, tenues par MM. Boul-
land, Naudet, Voignier et Houllier ; et neuf institutions de filles, dirigées par Mesdames Malet,
Ledanois, Aussandon, Fabrizy, Ménardy, Del-
court, Malizard, Brunon-Lenfant et Poupart. Les
enfants nombreux (cinq cent vingt-cinq) qui
fréquentent ces maisons d'éducation, n'appartiennent pas tous aux Ternes ; Passy, Sablonville
et Champerret en envoient quelques-uns.

Sous le rapport spirituel et moral, les Ternes
offrent donc d'abondantes ressources qui, peu à
peu, se développeront et grandiront dans leur
sein ; encore quelques années, cette commune
nouvelle n'aura rien à envier aux communes voisines plus anciennes ; elle trouvera chez elle toutes
les institutions utiles et charitables ; elle se suffira

indique le donateur), et tout le local préparé pour recevoir quinze
enfants : deux, même trois berceuses, depuis six heures du matin
jusqu'à huit heures du soi, soignent les petits nourrissons. Les circonstances malheureuses qui ont dans ces derniers temps restreint les
ressources de la charité, ont pesé de tout leur poids sur la Crèche
Sainte Adélaïde. Les dames patronesses ont dû songer à conserver
plutôt qu'étendre leur création. Espérons qu'un temps plus favorable leur permettra prochainement de donner à leur œuvre l'essor
qu'elle mérite.

barrière de l'Etoile à l'arrivée de certaines voitures pesamment chargées, toutes les provisions en tous genres qui viennent par le pont de Neuilly, se présentent à la barrière du Roule ; on a estimé à deux mille le nombre des voitures qui chaque jour entrent dans Paris par cette voie : cette barrière est séparée par 470 mètres de celle de l'Étoile.

---

## BOULEVARDS.

### ( 3 )

**Boulevard de *Bezons* ou de *l'Étoile*.** — Ce dernier nom a paru plus convenable que le premier, qui rappelait l'ancien état des lieux ; les gens de Chaillot, Passy, Auteuil, suivaient cette allée pour aller à Bezons, petit village sur la Seine, autrefois important, et cela à cause de sa foire de huit jours. Le boulevard de l'Étoile relie la barrière du Roule et de l'Étoile ; il offre de belles et splendides maisons qui communiquent par trois rues neuves, de l'Étoile, Brey, Charlot, avec le quartier des Acacias.

**Boulevard de *Courcelles*.** — Ce boulevard conduit de la barrière du Roule à la barrière de Courcelles, le long du mur d'octroi ; il se prolonge ensuite sur le territoire des Batignolles ; la rue du Gazomètre la met en relation avec le quartier Lombard par la rue des Dames.

**Boulevard de *l'Éperon*.** — Le long de l'enceinte fortifiée, en-deçà des Ternes, existait une petite

plaine appelée, dans les terriers anciens, de l'É-
peron, à cause de sa forme ; on a donc conservé
ce nom à la voie que le génie militaire entretient
autour des murailles des fortifications, entre l'a-
venue des Ternes et celle de la Porte-Maillot ;
cette chaussée est proprement ce que nos ancêtres
nommaient boulevard, chemin qui longe les rem-
parts ; du reste, la loi sévère sur les zones et ser-
vitudes militaires, empêchera pendant longtemps
ce boulevard de présenter à l'œil autre chose que
des jardins ou des ateliers.

## CITÉS.

### ( 4 )

Cité *Charlot,* ou plutôt Passage *Charlot.* —Fait
communiquer l'avenue des Ternes avec la rue de
l'Arcade ; c'est une propriété privée ; le nom
qu'elle porte, elle le doit à M. Charlot, que nous
verrons plus bas doter le pays d'une rue nouvelle.

Cité de *l'Enclos des Ternes.* — L'enclos des
Ternes, à l'extrémité droite de l'avenue qu'elle
unit à la rue de Villiers, est une propriété parti-
culière, assez semblable à une cité, pour que nous
lui donnions ici sa place ; on y trouve de délicieu-
ses petites *villas,* de charmants pavillons, d'agréables jardins ; une avenue de tilleuls la partage
inégalement : dans la belle saison, c'est un séjour
qui offre tous les agréments et toutes les ressources de la campagne.

6

L'appellation d'*enclos,* est ancienne dans les Ternes ; à côté du château, on a toujours mentionné l'existence d'un clos ou enclos, et tous les titres des xvᵉ, xviᵉ, xviiᵉ et xviiiᵉ siècles désignent ainsi les Ternes : hôtel et clos, château et enclos ; l'enclos actuel n'a hérité que le nom de l'antique clos situé près la rue Demours, reste de la ferme primitive qui a donné naissance aux Ternes. Cet enclos est tout-à-fait moderne dans sa forme et dans sa destination ; c'est une portion de terrain du château qu'on avait convertie naguère en jardin public, espèce de Tivoli, où, entre autres amusements, on voyait des Montagnes russes, jeux récemment importés en France. La concurrence et l'érection de semblables établissements sur d'autres points de Paris et de la banlieue eurent bientôt fait sentir le lourd et ruineux fardeau de la rivalité à l'enclos des montagnes ; cet échec, par une heureuse compensation, rendit à ce lieu, avec sa tranquillité première, les avantages de sa situation champêtre, pure du contact profane de la multitude.

C'est dans l'enclos que fut établie la petite chapelle qui servit de temple à la population des Ternes, avant l'érection de l'Église Saint-Ferdinand : cette petite chapelle est un legs fait à la commune par M. de Verzy, propriétaire du château.

Cité de *l'Étoile.* — Petit passage étroit et escarpé qui fait suite à la rue d'Armaillé, et conduit au rond-point de l'Étoile ; les propriétaires de cette cité doivent regretter que les plans en aient été arrêtés sur des bases si peu étendues ; car, en suivant les dessins primitivement tracés avec plus de largeur et moins de raideur dans la rampe, on aurait fait une rue accessible aux voitures, et par conséquent commerçante, active et passagère : il y aurait eu double profit pour le public et les particuliers.

Cité des *Ternes*. — A l'extrémité de la rue de l'Arcade, cette cité, à peine ébauchée, renferme déjà deux rues nouvelles, appelées par MM. Lombard, de Saint-Claude et de Saint-Charles ; on y distingue d'élégants pavillons à travers de jolis bosquets : l'éloignement et la distance du centre des Ternes n'empêchèrent point cette cité naissante de grandir et de se développer, tant est heureuse sa position dans un lieu agréable et solitaire.

## IMPASSES.
### ( 3 )

Impasse des *Acacias*. — C'est un petit passage fermé à son extrémité ; il est propre et commode ; au milieu de la rue des Acacias, vers le n° 26.

Impasse *Courcelles*. — Sur le boulevard de ce nom ; c'est une cour assez grande, garnie d'humbles maisons, où logent et demeurent quelques familles d'ouvriers.

Impasse *Lombard* ou *Roux*. — Dans la rue Lombard ; c'est une suite de maisonnettes, une rue de village en miniature ; tôt ou tard, cet impasse sera débouché, et formera une rue qui recevra probablement le nom d'un propriétaire, M. Roux.

---

## PLACES.

( 3 )

Place *Boulnois*. — C'est un carré irrégulier, auquel on a donné le nom du général Boulnois, qui l'a fait bâtir. A vrai dire, cette place, située au commencement de la rue de l'Arcade, pourrait aussi bien se nommer impasse, cour ou cité que place ; elle n'a qu'une issue, et n'est ouverte que d'un côté. C'est du reste un lieu agréable et recherché pour sa tranquillité.

Place de *l'Église*. —Langue de terre resserrée, située en face de l'Église, au point de jonction des rues d'Armaillé, Saint-Ferdinand, et Avenue des Ternes.

Place du *Rond-Point de l'Étoile*. —Cette place, dont nous avons déjà parlé, est vaste et immense ; elle s'étend à l'extrémité ouest des Champs Élysées, auprès de la barrière de l'Etoile, sur le territoire de Paris, de Passy et des Ternes, au confluent des avenues des Champs-Élysées, de Neuilly, de Saint-Cloud, etc. La magnifique position de cette place, est relevée par le grand Arc de Triomphe, qui se dresse à son milieu, et ajoute encore à sa majestueuse beauté. Ce monument appartient à notre ville par un lien si étroit de proximité, qu'on nous pardonnera de lui consacrer quelques lignes.

Napoléon, par un décret impérial du 18 février 1806, après Austerlitz, ordonna l'érection d'un monument destiné à perpétuer le souvenir des victoires des armées françaises; il voulut qu'il fût gigantesque comme les faits d'armes qu'il devait rappeler à la postérité; aussi ses proportions sont-elles colossales : sa hauteur est de près de cinquante mètres (155 pieds), sa largeur de quarante-cinq mètres (135 pieds), son épaisseur de vingt-deux mètres (68 pieds) (1).

La première pierre de l'Arc-de-Triomphe fut posée le 15 août 1806 : les fondations eurent huit mètres (25 pieds) de profondeur au-dessous du sol, sur cinquante-quatre mètres (165 pieds) de longueur; elle porte pour inscription :

« L'an 1806, le 15 août, jour de l'anniversaire » de la naissance de S. M. Napoléon-le-Grand, » cette pierre est la première qui a été posée. Le » ministre de l'intérieur, de Champagny. »

L'architecte Chalgrin, dont Napoléon choisit et approuva le projet, dirigea les travaux jusqu'au-dessus de la corniche du piédestal. En 1811, cet artiste étant mort, M. Goust suivit l'exécution de son plan, jusqu'à la hauteur de l'imposte du grand arc. Les travaux furent interrompus en 1814, et peu s'en fallut que la restauration n'abandonnât cette immense construction; mais, après la guerre

---

(1) Le plus grand de tous les Arcs de Triomphes modernes, après celui de l'Étoile, est la porte Saint-Denis, qui a 75 pieds de hauteur et 20 pieds d'épaisseur : les dimensions de la porte Saint-Martin sont inférieures.

d'Espagne (en 1823), une ordonnance royale changea la destination primitive du monument de Napoléon, et décida que l'Arc-de-Triomphe consacrerait la mémoire de la récente expédition du duc d'Angoulème dans la Péninsule.

A la révolution de 1830, un des premiers actes du gouvernement fut de rendre cet édifice à la pensée première qui l'avait conçu, et d'accélérer l'achèvement de ce superbe monument : le 29 juillet 1836, l'Arc fut enfin terminé, et solennellement inauguré.

Telle est l'histoire de l'édification de ce monument, pour la construction duquel on a dépensé :

Sous l'empire, 3,200,713 56
— la restauration, 3,000,778 68
— Louis-Philippe, 3,449,623 38

Total, 9,651,115 62

Malgré quelques imperfections qui, aux yeux de la foule, sont plus que compensées par des beautés réelles, l'Arc-de-Triomphe, par son importance historique, sa simplicité et sa grandeur majestueuse, est sans contredit un des monuments modernes les plus remarquables.

L'explication des sculptures, bas-reliefs, inscriptions, etc., nous entraînerait trop loin. Sous chacune des grandes faces, on voit des groupes de sculpture qui représentent le Départ, 1792, la Guerre, le Triomphe, la Paix : dans la hauteur de l'attique, trente boucliers reçoivent les noms des victoires célèbres, et sous la grande voûte on a inscrit les noms de ceux qui ont contribué à les remporter. Six colonnes gravées sur les parois intérieures des petits axes, contiennent trois cent quatre-vingt-quatre noms. On peut voir l'intéressante notice historique publiée, sur l'Arc-de-Triomphe de l'Etoile, par MM. Thierry et Coulon, inspecteurs du monument.

---

## RUES.
### ( 22 )

Rue des *Acacias.* — Ouverte de l'avenue des Ternes à l'avenue de la Porte-Maillot; elle reçoit une grande importance de sa position, importance amoindrie cependant par l'étroitesse et la difficulté de la rampe; et aussi par l'ouverture prochaine des rues projetées de Ferdinanville. Les déblais, occasionnés par les fondations de l'Arc-de-Triomphe, avaient été déposés sur ce terrain, auquel un petit bois d'acacias lui a laissé le nom qu'il porte.

Rue de *l'Arcade.* — Elle commence à la rue des Dames, et se termine à la route de Saint-Denis; elle tire son nom de l'arcade du château sous laquelle elle passe (Not. hist. page 36). Le général Boulnois a eu beaucoup de part à l'ouverture de cette rue.

Rue de *l'Arc-de-Triomphe.* — Elle commence au rond-point de l'Étoile, et aboutit à la rue des Acacias. Cette rue, dont la montée est un peu raide, sera traversée prochainement par la rue Neuve-des-Dames.

Rue *d'Armaillé*. — Ouverte sur les propriétés de M. le marquis d'Armaillé, en 1840 ; elle conduit de la rue des Acacias à la place de l'Église. Cette rue, malgré des lacunes sensibles, offre de très-belles constructions.

Rue *Brey*. — Récemment ouverte, du boulevard de l'Étoile, elle se dirige vers la rue Neuve-des-Dames. Le conseil municipal lui a donné un nom qui méritait d'être inscrit sur une des rues des Ternes. C'est une juste récompense des bons services et des efforts persévérants que M. Brey, architecte, n'a cessé d'entreprendre pour la prospérité et l'agrandissement du pays.

Rue *Charlot*. — Percée sur les terrains de M. Charlot, propriétaire déjà du passage qui porte son nom, elle commence au boulevard de l'Étoile, et finit à la rue Neuve-des-Dames.

Rue de la *Chaumière*. — Elle prend à la rue des Dames, pour finir à la route de la Révolte. Cette rue, très-étroite à son commencement, était autrefois un sentier de communication qui conduisait au lieu dit *la Planchette*, à côté de Courcelles. Les anciens titres la dénomment, chemin de la Planchette : depuis, une *chaumière*, qu'on voit dans l'ancien jardin de M. Demours, lui a fait donner l'appellation actuelle.

La rue de la Chaumière passe devant l'intéressante manufacture de MM. Rattier et Guibal, pour la préparation et la confection des objets en caout-chouc.

Rue de *Courcelles*. — Elle a son commencement à la barrière de ce nom, et va en droite ligne aux fortifications. Elle tire son nom d'un fief ancien, situé sur Clichy (Voir Not. hist. page 13). La partie gauche de cette rue appartient aux Ternes : le côté droit est aux Batignolles, dont elle forme la limite.

Rue des *Dames*. — Cette rue, la première à droite en descendant l'avenue des Ternes, se termine à la rue de Courcelles. Elle formait anciennement une petite sente, tracée dans les propriétés des dames abbesses de Montmartre, qui possédaient ce territoire. En 1416, un titre appelle déjà cette rue, ruelle aux Nonaines, et en 1560, rue des Nonnes : chacun sait que ce nom correspond à celui des dames. Aux Batignolles, il existe une rue absolument dans la même direction, qui a reçu le même nom pour la même raison.

C'est à l'entrée de la rue des Dames, qu'existait la fabrique des frères Trabucchi, célèbres fumistes, au commencement du siècle. MM. Trabucchi joignirent, à une grande connaissance de leur état, la pratique des plus belles vertus, qui consolent et réjouissent la société. Les Ternes ont reçu d'eux un legs de vingt-deux mille francs. La reconnaissance est une chose sacrée. Le nom de

Trabucchi oublié dans une notice sur les Ternes, eut été une lacune, une tache.

A l'extrémité de la rue des Dames, existe, depuis plus de vingt ans, l'important Gazomètre de la compagnie Manby et Wilson. Cette usine, en portant, par son voisinage assez désagréable, un tort considérable au quartier, en tant que quartier de plaisance, occupe la nombreuse population d'ouvriers qui habite les rues adjacentes.

Rue *Neuve* ou *prolongée des Dames*. — Cette rue, à l'ouverture de laquelle on travaille en ce moment, doit relier entre elles les rues de l'Étoile, Charlot, Brey et de l'Arc-de-Triomphe. Ce sera prochainement une voie de communication importante et éminemment avantageuse pour le quartier.

Rue *Delamarre*. — Ou petite rue de la Chaumière. Elle unit la rue de l'Arcade à la rue de la Chaumière, en côtoyant les terrains de M. Delamarre dont elle porte le nom. Cette rue, ou plutôt ruelle, à cause de son extrême étroitesse, n'est point encore reconnue par l'administration.

Rue *Demours*. — Cette rue, faisant suite à la rue des Ternes jusqu'à la rue de Courcelles, a été percée sur les propriétés de M. Demours, fameux médecin-oculiste, qui possédait en ce lieu de magnifiques jardins.

Route *Denis* (*Saint-*). — Cette route, plus connue sous le nom de la route de la Révolte, est tristement célèbre par la funeste mort du duc d'Orléans. Ce chemin fut construit à l'occasion d'une révolte des Parisiens en 1750. Louis XV, pour ne pas traverser une ville qui ne l'aimait plus, fit faire ce chemin pour se rendre de Versailles, à Saint-Denis, à Compiègne, en laissant de côté la Capitale. Cette route traverse le bois de Boulogne, la Porte-Maillot, les Ternes, Clichy, Saint-Ouen : on la désigne plus communément aujourd'hui sous le nom de Saint-Denis.

Rue de l'*Étoile*. — Elle commence au boulevard de l'Étoile, et aboutit à la rue des Acacias, en formant une légère courbure.

Rue *Ferdinand* (*Saint*). — Cette rue, toute récente, commence à la place de l'Église, et se dirige à travers les terrains inoccupés de Ferdinanville, vers l'avenue de la Porte-Maillot, qu'elle réunit directement avec le quartier important de l'Église. L'ouverture de cette voie était impatiemment attendue : M. Audoyer a le mérite d'avoir rendu ce service au pays.

Rue du *Gazomètre*. — Ouverte en 1847, dans le dessein de relier le quartier Lombard avec le boulevard de Courcelles ; elle tire son nom du gazomètre de la compagnie Manby et Wilson, situé dans son voisinage.

Rue de la *Fontaine des Ternes*. — Elle fait suite à la rue Lombard, jusqu'à la route de Saint-Denis. Bâtie sur un terrain où coulait autrefois une source intermittente, qui a disparu presque entièrement par suite de travaux de terrassement, elle a conservé le nom ancien.

Rue *Lombard*. — Ouverte sur les propriétés de M. Lombard, elle s'étend depuis la rue des Dames jusqu'à la rue de la Fontaine des Ternes,

Rue de *Louvain*. — Bâtie par un habitant, originaire de Louvain (Belgique), elle en a reçu le nom de sa ville natale, pieux souvenir de la patrie absente. Elle s'étend de la rue Lombard à la rue de la Chaumière, dans la même direction, mais un peu plus bas que la rue Demours.

Rue des *Montagnes*. — Quelque savant érudit, croira peut-être que cette rue était située autrefois sur une colline, que les travaux des fortifications auraient fait disparaître. Détrompons-le, ce nom assez étrange de rue des Montagnes, a sa source dans l'établissement des montagnes russes, dans l'enclos des Ternes, en face duquel se trouve cette rue, que l'enceinte fortifiée a coupée par la moitié.

Rue des *Ternes*. — Plantée d'arbres, cette rue n'est autre chose que l'ancienne avenue qui conduisait au château et fief des Ternes : pour en faire une rue, il a suffi d'enlever les grilles placées à l'entrée de la rue de Villiers.

Rue de *Villiers*. — Ouverte en 1745, elle conduit de l'avenue des Ternes à la route de Saint-Denis, et de là, à Villiers. Elle fut percée à travers les terres qui composaient le fief des Ternes, lorsque des embarras d'argent obligèrent le châtelain à vendre et aliéner une partie de son domaine : ce fut un service rendu aux habitants de Villiers, qui peuvent ainsi plus directement se rendre à Paris.

Lorsque la plaine des Sablons fut convertie en un camp militaire, on établit au milieu des marais, situés dans la rue de Villiers, une vaste poudrière. Quelques années plus tard, cette poudrière fit place aux établissements de MM. Chaptal et Berthollet, pour la préparation des produits chimiques. On sait quelle renommée se sont justement acquise dans l'Europe et le monde entier ces illustres savants : leurs plus remarquables et les plus précieuses découvertes ont été faites aux Ternes. Plus tard, la plaine de Clichy recueillit cet héritage.

Dans la plaine voisine de l'Église Saint-Ferdinand, qui lui a donné son nom Ferdinanville, on a tracé plusieurs rues, qui ne sont qu'ébauchées, et que nous ne pouvons mentionner plus parfaitement. Ces rues nouvelles sont en remblais, et appartiennent à un plan général, qui a été retouché plusieurs fois. Il eut été désirable, ce semble, que l'administration surveillât, ou plutôt aidât les particuliers dans l'exécution de ces voies de communication, qui deviendront importantes, alors qu'il sera difficile, pour ne pas dire impossible, de les rectifier. Une commune ne dépense pas inutilement ses revenus, mais les place à gros intérêts, lorsqu'elle les emploie à l'amélioration et à l'entretien de ses rues.

Le long des fortifications et de la plaine de
Passy, il existe une petite langue de terre, qui
fait partie du territoire de Neuilly et de la par-
roisse des Ternes. On y compte deux rues, la rue
Dauphine, et l'avenue de la Faisanderie ; quelques
maisons seulement appartiennent à notre ville.
On voit près de là , un haras établi depuis une
douzaine d'années. Ce quartier, qui relève na-
turellement de la plaine de Passy, est garni de
jolies maisons, et agréablement animé par la
fréquentation des voitures et des cavaliers, qui
vont et viennent chaque jour au bois de Boulogne (1).

---

(1) Puisque nous sommes sur le chapitre des rues, etc., etc., il
ne sera pas inutile de dire un mot sur les communications des
Ternes avec Paris et les lieux voisins. Ce qu'on recherche avant
tout dans le pays qu'on veut habiter, c'est la facilité et le bon
marché des communications. Sous ce double rapport, il faut l'a-
vouer, les Ternes ne sont pas dans la situation la plus avantageuse.
On y trouve, il est vrai, des voitures de louage et de place assez
aisément, mais leur prix élevé ne convient pas à toutes les bourses.
L'entreprise des omnibus traverse, au moyen de deux grandes
lignes, les deux avenues dans la direction de Neuilly. Une troisième ligne, celle du Roule aux Filles-du-Calvaire, stationne à la
barrière. Malgré toutes ces ressources, on peut dire avec vérité,
qu'une seule ligne entre dans la commune, moyennant le prix ordinaire, et dessert complètement les Ternes , la ligne de la Madeleine. Cette ligne est insuffisante ; elle n'offre qu'une suite res-
treinte de correspondances, n'en reçoit pas à son retour, de sorte
que pour revenir de Paris dans les Ternes, on trouve infiniment
moins de facilités que pour tout autre point de la banlieue plus
éloigné de Paris. Le public a déjà appelé sur ce point, l'attention
de l'Administration des voitures et du Conseil municipal, afin
qu'ils prennent de concert les mesures nécessaires pour perfection-
ner le service d'un quartier aussi important.

Nous terminerons ici, par une réflexion générale, notre tableau des rues, etc., de la ville des Ternes. Si l'on excepte les deux grandes avenues, la rue des Acacias et des Dames, toutes les autres voies de communications ne sont ni pavées, ni éclairées au gaz. Le pavage, dit à la mac-adam, avec de légers trottoirs, l'éclairage à l'huile, dans les temps d'obscurité, telle est la physionomie qu'elles présentent. En somme, elles sont assez bien entretenues, eu égard aux revenus de la Commune.

# CHAPITRE CINQUIÈME.

*ENVIRONS.* — *Neuilly et dépendances.* — *Clichy.* — *Les Batignolles.* — *Le Roule.* — *Chaillot.* — *Passy.*

## NEUILLY.

Dans son origine, Neuilly n'était qu'un gué ou port sur la Seine, vis-à-vis les chemins qui conduisent à Nanterre et à Bezons. On le nommait *Portus Lulliaci, Luniaci,* enfin *Nulliaci,* par la transposition assez ordinaire des lettres *l* et *n.* En 1224, les Moines de Saint-Denis autorisèrent l'établissement d'un bac, au profit de l'abbaye, dans cette partie de la rivière. Neuilly s'accrut peu pendant les siècles suivants ; il fallut une circonstance mémorable pour changer ses destinées. Henri IV, (1) revenant de Saint-Germain, avec la reine et plusieurs seigneurs et dames de la cour, entra dans le bac, sans sortir de son carrosse. Les deux derniers chevaux, qu'on avait oublié de faire boire, tirant trop de côté, tombèrent dans l'eau, et entraînèrent la voiture : on courut au secours. Les gentilshommes de la suite du Roi se jettèrent dans le fleuve, avec leurs man-

---

(1) *Essais sur Paris,* tom. 7, Sainte-Foix. P. Dubreuil. *Antiquités de Paris,* tom. 2.

teaux et leurs épées, et sauvèrent avec peine tout le cortége. La Reine, justement effrayée, demanda et obtint qu'on construisît un pont à la place du bac ; Henri IV donna à ce sujet des ordres qui furent exécutés. Ce fut pour les habitants un heureux accident.

Le pont nouveau facilita tellement la circulation et le commerce, que beaucoup de marchands de Villiers et des lieux voisins s'en rapprochèrent et s'y établirent.

Ce pont fut réparé en 1638, au moyen d'un droit de passe ou de péage, concédé par Louis XIII, aux adjudicataires des travaux ; il le fut encore aux mêmes conditions sous Louis XIV, et ce n'est que sous Louis XV, qu'on vit s'élever ce pont, aussi solide que magnifique, qui fait aujourd'hui l'embellissement de Neuilly. Commencé en 1768, sur les dessins de Perronet, ingénieur des Ponts-et-Chaussées, il a été terminé et livré au public (1), à la fin de l'année 1772. C'est le premier pont sans courbure, qui ait été construit en France : il a sept cent cinquante pieds de longueur, et se trouve supporté par cinq arches, de cent vingt pieds d'ouverture : les parapets sont remarquables par l'extrême dimension de leurs pierres. Louis XV voulut assister au décintrement, et passer le premier en voiture, en présence d'une foule de curieux.

---

(1) On trouve des détails fort intéressants sur la construction de ce pont, dans le *Dictionnaire Historique* de Hurtaut.

Depuis l'érection de ce pont, Neuilly ne fit que s'accroître au détriment de Villiers : la population se porta toute entière là où l'appelaient les intérêts de son commerce, *ubi bene, ibi patria.*

Dès 1540, une chapelle, du titre de Saint-Jean-Baptiste, avait été bâtie au Port-Neuilly : elle était desservie par le vicaire de Villiers. Comme elle ne renfermait ni tabernacle, ni fonts baptismaux, les habitants de Neuilly devaient se transporter à Villiers, pour tous les actes religieux de quelque importance. Cette obligation les fatiguait, et nous les voyons, à plusieurs reprises, exciter les vicaires à se constituer indépendants, à se séparer de l'Église mère. L'amour de l'indépendance ne date pas d'aujourd'hui ; les curés de Villiers durent se pourvoir près du chapitre de Saint-Honoré, curés primitifs de Villiers, annexes et dépendances. Les arrêts du Châtelet du 20 mars 1559, du 17 juin 1689, enfin du 13 janvier 1712, font défense et inhibition sévère aux vicaires de prendre les titre et qualité de chapelain du Port-Neuilly ; leur ordonne de ne point troubler, dans leur possession, les curés véritables, etc. Un sieur Gaultier, prêtre d'Evreux, avait entrepris de continuer le procès commencé par Réné Dubois d'Angers ; il s'intitulait chapelain de la Chapelle royale de Port-Neuilly. L'affaire est rapportée tout au long dans le registre des délibérations de la fabrique de Villiers (1), pour servir,

---

(1) Registr. de la Fabriq. de Villiers-la-Garenne, à la Mairie.

y est-il dit, de mémoire à la postérité des droits de la paroisse de Villiers, sur la chapelle de Saint-Jean-Baptiste. Le bailli de Saint-Denis, le conseil des dames religieuses de l'abbaye royale de Saint-Cyr, dames hautes justitiaires de Villiers et Neuilly, les tribunaux ordinaires avaient parlé en faveur du curé, le chapelain déploya une activité prodigieuse pour parer ces échecs successifs. Secondé par quelques-uns des principaux de Neuilly, il rédigea force mémoires et réclamations, mais enfin il succomba. Pour prévenir le retour de semblables tentatives, le curé de Villiers, homme non moins actif et vigilant, assembla immédiatement les notables de la paroisse, et là, séance tenante, il fut convenu, qu'à cause des difficultés des chemins impraticables, qui séparent l'hiver, Villiers et Neuilly, et considérant les dangers qui résultent de cet éloignement pour l'administration des malades, dangers qui seraient trop souvent changés en tristes malheurs dans ces derniers temps, M. le Curé irait s'établir au Port-Neuilly. Le pasteur était ainsi plus près de son troupeau.

Prenant conseil de son zèle, le curé acheta immédiatement un terrain, et jeta les fondements d'une nouvelle Église, dont Mademoiselle de Charolais, princesse du sang, ayant sa maison au château de Madrid, posa la première pierre. Cette Église se bâtit lentement, et elle ne fut même pas achevée entièrement, quoiqu'on y célébrât l'office divin.

Neuilly s'agrandit rapidement, plusieurs rues

nouvelles se formèrent, nous en trouvons les noms aujourd'hui disparus, dans les actes et terriers de l'époque : par exemple, rue des *Francs-Bourgeois*, *Jacqueline*, des *Groseilliers*, des *Roses-Blanches*, du *Bac*, etc. : la rue des Poissonniers se continuait en droite ligne, parallèle à la grande avenue, jusqu'à la Porte-Maillot. Le village était exclusivement bâti sur les bords de la Seine, entre le Bois de Boulogne, Villiers et Longchamp.

Au moment de la Révolution, Neuilly, qui s'appelait jusque là le Port ou Pont-Neuilly, devint une commune indépendante, et bientôt chef-lieu de canton. C'est ainsi que Neuilly a insensiblement envahi Villiers. La beauté et la commodité de sa position, la salubrité de l'air, quoiqu'un peu humide, à cause de la rivière, les magnifiques promenades du bois de Boulogne, tout a contribué au succès de cette jolie ville toujours prospère. En 1824, une Église nouvelle a été construite sur la grande avenue : c'est un bâtiment simple, commode et propre, malheureusement trop petit et trop peu central pour une population de près de huit mille habitants.

Nous ne quitterons pas Neuilly sans parler de son château et de son parc ; cette propriété, ci-devant royale, porte encore les marques cruelles de la dévastation et du pillage : le feu a dévoré en quelques instants son riche palais, séjour chéri de l'infortuné monarque. Élevé sur plusieurs terrasses qui descendent en amphithéâtre jusque sur le rivage vers l'île qui est en face, ce château a été

bâti en 1668, et possédé successivement par la
famille Gontaut-Biron, du Sassenage, de Nointel,
par le comte Voyer-d'Argenson, qui acheta cette
propriété, comprenant trente-trois arpents, cent
mille livres. M. Radix de Sainte-Foix, sur-inten-
dant du comte d'Artois, l'occupa ensuite : son
nom est resté à une des allées principales. Après
la révolution, Murat acquit cette propriété, qu'il
céda pour deux cent trente mille francs à la princesse Borghèse. Napoléon, plus tard, la réunit au
domaine impérial, qui devint royal. En 1818,
Louis XVIII, conservant pour la couronne les
bâtiments des écuries de Chartres, donna au duc
d'Orléans la terre de Neuilly en dédommagement.
Pendant la restauration, Louis-Philippe employa
tous ses efforts, et ordonna d'immenses travaux,
pour accorder ensemble les diverses parties de
cette vaste propriété, composée des châteaux de
Neuilly et de Villiers réunis, avec toutes leurs dépendances. Toutes les terres environnantes furent
acquises au profit du parc, les rues et chemins
supprimés ; et ainsi fut formé un domaine indivis
de six cent-cinquante arpents. On peut voir, dans
la Notice imprimée par ordre du roi, le détail de
tous les travaux entrepris dans les deux parcs et
sur le bord de la rivière : ce que l'art peut in-
venter de merveilleux quand il est secondé par le
goût, par la nature et par la fortune, on le trouve
dans cette résidence, une des plus belles qu'on
connaisse.

## DÉPENDANCES DE NEUILLY.

*Bois de Boulogne.* Le bois ou parc de Boulogne est ce qui nous reste de la vaste forêt, s'étendant jadis de Saint-Cloud à Paris, et s'appuyant à droite et à gauche sur les rives de la Seine; cette forêt, comme on l'a vu, dans notre Notice historique, se restreint insensiblement par les accroissements de la Capitale. En 1358, elle n'était plus déjà qu'un bois appelé de Saint-Cloud ou de Rouvret, *roboritum,* du latin *robur,* qui veut dire chêne, arbre très-commun dans ses taillis.

Quoique, par sa dénomination, ce bois semble dépendre de la commune de Boulogne, il est cependant divisé en autant de parties qu'il y a de communes qui l'entourent : Boulogne, Auteuil, Passy et Neuilly. Planté tout en chênes et confusément percé, ce bois n'offrait aucun agrément. Napoléon ayant choisi Saint-Cloud pour sa résidence d'été, voulut rendre au bois qui était sur son passage son ancien lustre ; il fit abattre tous les vieux arbres, percer de nouvelles allées, et réparer le dommage qu'il avait reçu.

Les guerres de 1814 et 1815, et l'invasion des alliés occasionna de grands ravages dans cette petite et élégante forêt ; les plantations anciennes et nouvelles furent détruites par la hache des Anglais, et employées, soit au chauffage de la troupe, soit à la construction de baraques militaires. Les Westphaliens avaient élevé une ville en planches, avec église, clocher, etc.

Vingt années se sont écoulées depuis le départ des armées étrangères, et ce temps a suffi pour réparer leurs désastres : le Bois de Boulogne est aujourd'hui brillant de fraîcheur et de jeunesse, et c'est la promenade la plus fréquentée des environs de Paris.

*Neuilly* communique avec le Bois de Boulogne par les portes Dauphine, ou de l'Étoile, Maillot, des Sablons ou d'Orléans, Neuilly et Saint-James. De toutes ces entrées, la plus belle est la Porte-Maillot, ainsi désignée de ce que, très-anciennement, il y avait un jeu de mail en cet endroit. Trois issues fermées de grilles conduisent à une belle place en forme de patte d'oie, où aboutissent des contre-allées qui se croisent dans tous les sens du bois.

*Madrid,* ou château de faïence. Ce château royal, bâti par François I<sup>er</sup>, à son retour de la captivité de Madrid, est aujourd'hui détruit ; on n'en trouve aucune trace : Henri II, Charles IX, Marguerite de Valois, Louis XIII y tinrent leur cour, sans parler des princes et princesses du sang qui l'habitèrent.

*Saint-James.* Quartier nouveau, bâti entre le Bois de Boulogne et la Seine, sur les terrains appartenant à M. Baudard de Saint-James, trésorier des dépenses de la marine. En 1815, Wellington établit dans ce magnifique hôtel son quartier-général ; mais, après son départ, les Anglais et les Prussiens se sont rués sur cette propriété, et l'ont dévastée : depuis, on l'a convertie en un joli et élégant faubourg de Neuilly.

*Villiers*. Antique berceau de Neuilly, ce lieu est aujourd'hui bien déchu de son ancienne importance; on y compte sept à huit maisons de plaisance. La création du port, et plus tard la construction du pont de Neuilly d'une part, de l'autre la difficulté des communications, étranglé qu'était Villiers par les grandes propriétés qui le resserraient de tous côtés, toutes ces causes ont amené rapidement la décadence de ce village. En 1752, le curé de Saint-Martin-de-Villiers se plaignait du désert dans lequel demeurait l'église, veuve de ses anciens habitants, et redoutait les dangers d'un pareil isolement : nous l'avons vu, plus haut abandonner lui-même la place, pour résider à Neuilly. Depuis ce temps, l'Église, déjà en mauvais état, tomba en ruines; la révolution lui porta le dernier coup; Villiers tomba entièrement. Cependant, dans un jour qu'on peut prévoir, Villiers, réuni à son annexe Champerret, dont nous allons parler, se relevera peut-être de sa chute : l'avenir nous le dira.

*Champerret*, *Champeray* ou champ pierreux. Ce hameau nouveau, construit à l'extrémité de l'ancienne plaine des Sablons, au delà des fortifications, entre les rues de Villiers et de Courcelles, prend chaque jour un accroissement sensible. Son nom lui a été donné à cause de la nature du sol pierreux et sablonneux; plusieurs rues sont déjà en bonne voie de construction; tôt ou tard, il faudra former de ce lieu, uni avec Villiers et le récent village du Valois, qui appartient à Clichy,

une commune et une paroisse : les habitants de
ces hameaux sont trop éloignés de leurs mairies et
églises respectives. Quand Louis-Philippe forma
son grand parc, il fit supprimer, moyennant indem-
nité, tous les anciens chemins qui reliaient la
plaine de Villiers avec Neuilly. Aujourd'hui, par
suite de cette suppression, il faut remonter jusqu'au pied de l'Église des Ternes, pour descendre
à l'Église de Neuilly, paroisse de ces lieux : encore
quelques années, ce projet d'érection sera certai-
nement mis à exécution, dans l'intérêt véritable
de toute la population de ce quartier.

*Sablonville.* Entre Neuilly et les Ternes, existait naguère une vaste plaine que son sol pierreux
et calcaire a fait nommer *des Sablons;* elle règnait
le long du Bois de Boulogne, à partir de la Porte-
Maillot, et s'étendait jusque vers les terres de
Clichy; cette plaine servait pour les revues des
gardes française et suisse : Louis XVI y fit établir un camp, connu plus tard, sous la Conven-
tion, sous le nom d'*Ecole de Mars* (Loi du 13 pra-
rial an II, et 3 brumaire an III). Ce camp, où le
soldat devait recevoir une éducation révolution-
naire, n'eut pas un heureux succès. Depuis, on
entreprit de faire de la plaine des Sablons un jardin public; des plantations y furent faites, on y
établit des jeux et des amusements; mais la stéri-
lité et l'aridité du terrain, et surtout le voisinage
du Bois de Boulogne, rendirent inutiles les efforts
que l'on tenta. La pensée d'en faire une ville fut
plus heureuse; on y a bâti de jolies maisons qui

ont formé *Sablonville*; la mairie de la commune, qui s'y trouve sur une assez belle place, a beaucoup contribué à la prospérité de ce joli faubourg de Neuilly, qu'il unit aux Ternes.

A l'entrée de Sablonville, on aperçoit, sur la route de la Révolte, le monument pieux qu'une mère, qu'une reine, accablée de douleur, a érigé en l'honneur de Notre-Dame-de-Compassion et de Pitié; c'est une chapelle funèbre d'un style simple, en forme de croix, élevée sur l'emplacement de la pauvre maison où mourut l'infortuné duc d'Orléans, le 13 juillet 1842; entre autres morceaux de sculpture qui le décorent, on remarque sur le cénotaphe un Ange compatissant, ouvrage de la princesse Marie, de douce et bonne mémoire; chaque jour, dans cette chapelle, on prie pour le repos de l'âme du prince.

## CLICHY.

Nous connaissons l'origine et l'accroissement de ce village (*Voir* chap. 1er). Saint Vincent de Paul, cet illustre et modeste bienfaiteur des pauvres, en fut curé. Clichy vit morceler son territoire à toutes les époques; dans ces dernières années, par l'érection des Batignolles-Monceaux en commune, on lui enleva son plus beau fleuron; son étendue actuelle est assez médiocre, ses maisons assez laides, et ses rues étroites et malsaines, à cause de la quantité d'eaux savonneuses qu'elles charrient continuellement; néanmoins, cette commune compte quatre mille cinq cent vingt-huit habitants, occupés la plupart aux travaux de plusieurs usines florissantes, au commerce du plâtre et au blanchissage du linge.

Clichy touche aux Ternes par la route de la Révolte (1).

———

## LES BATIGNOLLES-MONCEAUX.

Les Batignolles sont une création récente de l'industrie; c'était, il y a vingt ans, un tout petit hameau qui doit son origine à une remise ou maison de chasse bâtie en 1730 (2), dans la plaine de Clichy, par ordre du duc d'Orléans : deux piqueurs, La Folie et Picard, surnommés les *batignoleurs* (du vieux mot *batignoler*), à cause de leur humeur vive et joyeuse, firent donner à leur habitation le nom de *Batignolles*. On ne se doutait guère alors qu'avant un siècle, une ville s'éleverait en cet endroit, et recevrait pour dénomination le sobriquet de deux pauvres hères : croyez donc maintenant à la gloire des noms! Quoi qu'il en soit, les Batignolles ont marché à pas de géant; on comprendra les progrès du village, en apprenant qu'on y compte aujourd'hui plus de vingt-cinq mille habitants. Les Batignolles ont été séparées entièrement de Clichy, par l'administration civile et religieuse. Une

---

(1) M. l'abbé Lecanu, Vicaire de Cichy, vient, en 1849, de faire paraître une histoire intéressante et curieuse de cette Commune industrieuse et active. Un beau volume in-8°, imprimé par souscription.

(2) Biblioth. Nation. (sect. des cartes 5,755).

église assez mesquine a été construite en l'honneur de la Sainte-Vierge, à l'extrémité de la ville, sur une belle et grande place ornée d'arbres : les ateliers du chemin de fer de Rouen et du Hâvre sont à peu de distance.

*Monceaux,* quelquefois *Mouceaux,* dont le nom s'unit à celui des Batignolles, est un hameau beaucoup plus ancien. Les Chroniques de Saint-Denis en font mention en 1363, à l'occasion de Guy de Monceaux qui, originaire de ce lieu (en latin *Monticellum, Monticulus,* ou *Muscellum*), devint abbé du monastère de Saint-Denis. Monceaux possédait, en 1586, une chappelle sous le vocable des SS. Étienne et Laurent. Le duc d'Orléans, Philippe-Égalité, fit planter, dans le genre paysagiste, le parc dit *les Folies de Chartres.* Ce parc, célébré par Delille, est aujourd'hui séparé du hameau par l'enceinte de Paris.

Les Batignolles-Monceaux touchent aux Ternes par la rue de Courcelles.

## LE ROULE.

Ce lieu, auquel les Ternes furent si longtemps attachés, désignait un village fort ancien, que Louis XV réunit à la ville de Paris. Situé à l'entrée du faubourg Saint-Honoré, il fit successivement partie de Clichy, puis de Villiers-la-Garenne. Tous les auteurs qui ont écrit sur Paris croient que Frédégaire et Grégoire de Tours ont désigné le Roule sous le nom de *Rotalajum* ou *Rotalajencis villa,* d'où on fit plus tard *Ro-*

*talum, Rotulum, Rollum,* et en vieux français Rolle, Roulle, enfin Roule. Dans le moyen-âge, la corporation des orfèvres et joailliers de Paris y avait fait construire un hôpital pour ses ouvriers malades ; à côté de cet hôpital, maladrerie des orfèvres, on avait érigé une chapelle sous l'invocation des SS. Jacques et Philippe (1227) ; quelques maisons se groupèrent au bas de la côte ; elles étaient habitées par des aubergistes, des cultivateurs.

En **1669**, le village s'était lentement accru ; il fut question de transformer l'antique chapelle Saint-Jacques en paroisse. Après bien des instances, on obtint le consentement de l'archevêque de Paris, de la fabrique et du seigneur de Villiers. SS. Jacques et Philippe furent conservés pour patrons principaux, et saint Frambourg fut le second patron. L'érection en paroisse eut lieu, à condition que la nouvelle fabrique paierait chaque année à celle de Villiers une redevance de 5 livres 15 sous, que la jeune fille qui rendrait le pain bénit à Pâques, viendrait présenter *le plus beau chanteau* au seigneur, et offrirait un écu de 3 livres au curé de Villiers. Ces redevances bizarres furent fidèlement acquittées jusqu'en **93**. A l'époque où le Roule devint paroisse (**1669**), le village était encore si petit, que, pour compléter un nombre suffisant de paroissiens, on fut obligé d'y adjoindre des maraîchers de Monceaux, des meûniers de Clichy ; par ces réunions diverses, on forma un total de soixante-seize ménages.

Il faut convenir que le Roule s'est bien accru depuis, avec ses trente-deux mille âmes d'aujourd'hui : le voisinage des Champs-Élysées, l'exploitation de vastes terrains naguère en culture, en jardins, le percement de plusieurs rues, etc., ont contribué au développement de ce quartier (*Voir* Hist. de Paris).

Divisé autrefois en haut et bas Roule, depuis 1796 la rue principale s'appela successivement rue du Roule, rue du Faubourg-du-Roule. En septembre 1848, le nom de Roule a disparu, et toute cette voie importante est désignée sous le nom de Faubourg-Saint-Honoré, dont elle n'est que la prolongation.

L'Église actuelle du faubourg fut bâtie en 1782 ; malgré les éloges que l'architecte reçut au moment de sa construction, nous pouvons dire que c'est un monument fort ordinaire ; du reste, les modifications qu'on lui a fait subir dans ces derniers temps ont été assez heureusement combinés pour dissimuler les manquements, et faire ressortir les avantages de l'édifice.

Le Roule et les Ternes tiennent l'un à l'autre par des liens étroits d'origine, de voisinage ; aussi leur histoire se confond souvent : le temps ne fera que confirmer ces bons rapports des deux quartiers.

———

## CHAILLOT.

Ce faubourg de Paris est situé en regard du Roule, sur le versant d'une colline où s'élevait jadis un village ancien, dont les débris donnèrent naissance à Chaillot, Auteuil et Passy. Chaillot s'étendait assez avant dans la plaine qui appartient aujourd'hui à Passy, plaine située derrière l'Arc de Triomphe, entre le mur d'octroi et le mur d'enceinte des fortifications.

Les Ternes n'ont point de contact avec Chaillot que par la barrière de l'Étoile : nous renverrons donc à l'*Histoire de Paris* pour tous les détails concernant ce faubourg isolé de la grande ville.

## PASSY.

Passy borne les Ternes sur une grande étendue ; de là pour nous l'obligation de parler d'un lieu qui, par son éloignement, n'a jamais eu de rapports directs avec notre ville. Passy existe depuis le XIIIe siècle ; dans le XVIe il fut érigé en paroisse. A partir de cette époque, sa position pittoresque, sur une colline escarpée, le voisinage du bois de Boulogne, qui l'enveloppe de tous côtés, la découverte successive de plusieurs sources d'eaux minérales, furent autant de causes de prospérité et d'accroissement, pour ce lieu qui compte huit à dix mille habitants. Son territoire s'étend à plus de trois quarts de lieue à travers une plaine large et unie, sillonnée par de belles routes. Cette plaine, contiguë aux Ternes, a été l'objet d'une spéculation de capitalistes, qui voulaient en former, sinon un faubourg de Paris, du moins un quartier de Passy. Cette spéculation n'a pas eu immédiatement les résultats satisfaisants qu'on espérait :

cependant un grand nombre de maisons élégantes et commodes, se sont élevées çà et là sur ce terrain, et ont formé des petits centres de population assez éloignés de Passy, pour obtenir, tôt ou tard, une administratiou civile et religieuse séparée, ou du moins, ce qui paraîtrait plus avantageux, leur réunion à la nouvelle commune des Ternes, à laquelle ils touchent d'une manière si prochaine. Ainsi le côté gauche de l'avenue de la Porte-Maillot, le massif qui avoisine l'Hipodrome, l'avenue de Saint-Cloud, sont tellement rapprochés des Ternes, que topographiquement parlant, ils lui appartiennent.

Du reste ces séparations, ces morcellements ou ces réunions qui importent, plus qu'on ne le saurait croire, aux intérêts publics ou particuliers, ne doivent être obtenus que par l'initiative des ayant-cause. C'est à l'administration supérieure de juger en dernier ressort, dans ces sortes de procès, où l'amour-propre et la rivalité des communes, ou des fractions de communes, s'engagent si souvent mal à-propos : une enquête consciencieuse des besoins des localités, éclairera l'autorité, et dictera sa dernière décision (1).

---

(1) Chronique de Passy, 2 vol. in-8°, 1836, par Quillet. Ouvrage superficiel, semé d'anecdotes plus que légères; le style en est lâche et diffus; du reste on y trouve sur Passy des détails curieux, particulièrement sur les premières années du siècle.

FIN

www.ingramcontent.com/pod-product-compliance
Lightning Source LLC
Chambersburg PA
CBHW071053090426
42737CB00013B/2337